JN055376

留・置・管・理・概・説・

留置管理の現実

大網 小鉄

序に代えて

古今東西、警察を舞台・題材にした小説・映画・テレビやラジオのドラマ・アニメ・演劇など娯楽作品は数多く制作され、人々の注目を集めてきている。そのストーリーはち密な推理・派手なアクション・感動を呼び起こす人間ドラマなど多彩にわたり、登場人物も魅力的なキャラクターが多数作り出され、世界的な人気者になっていることは、皆さんがご存じのとおりである。

しかし、各種考証が不十分で「っな訳ないだろう。」「作りごとだからといって、デタラメやっていいわけがない。」と読者や視聴者が感じたら、作品のクオリティは急降下だ。例えば▽刑事が取り調べの中で、犯人にかつ丼を食べさせる。▽というのはコントやコメディの世界では「あり」なのだろうが、シリアスなドラマでは「なし」である。

ところで、警察には留置管理という業務があるが、シリアスな映画や小説の中でも現実と乖離した映像や描写が作られている。なぜなら、留置管理という業務の存在がほとんど知られていないからだ、と推測している。存在が知られていなければ、十分な考証がされることはないであろう。しかし、留置業務は警察捜査を縁の下で支える重要な活動であり、人知れず黙々と行っている警察官が存在している。そのことを皆さんにお伝えするため、この一文をしたためることとした。

【本題に入る前に少しだけ用語解説】

一

留置に関する制度や運用は「刑事収容施設及び被収容者等の処遇に関する法律（略称・刑事収容施設法）」で定められている。

この長い名前の法律が制定される前は明治41年に制定された「監獄法」という法律で制度や運用が決められていた。

刑事収容施設法が定められたため、各種の用語も変更された。

○留置人 → 被留置者
○留置場 → 留置施設
○看守 → 留置担当官

警察の中には捜査をしない（させない）部署がある。その理由は「捜査機関である警察が被留置者の日常生活の処遇を行うと、自白の強要などの人権侵害を生む。」という主張があり、その懸念を払拭するためである。被留置者の処遇を専門で行う留置管理担当部署が設けられ、ここに所属する警察官は捜査を担当しない。これを「捜査と留置の分離」と呼び「捜査を担当しない警察官だから、被留置者の処遇をしても人権侵害は生じない。」という仕組みになっている。

刑事収容施設法
第一六条第三項
留置担当官は、その留置施設に収容されている被留置者に係る犯罪の捜査に従事してはならない。

二 留置管理の業務は『逃がさない』『見逃さない』『人権への配慮を欠かさない』が厳守すべき事項として掲げられている。

○逃がさない ↓ 犯罪の容疑者を逮捕した警察としては至極当然のことである。
○見逃さない ↓ 通謀や証拠隠滅の防止である。通謀とは2人以上の人間が悪事の実行を合意することであり、この場合はまだ逮捕されていない共犯者や仲間などと逃走計画や証拠隠しを相談することである。

○人権の配慮を欠かさない→逮捕された者の人権を守り適切な処遇をすることである。適切な処遇をするためには、捜査員と対立しているように見えてしまうこともあるが、やむを得ない。

三 警察と検察の関係を単純に述べるなら、警察は捕まえるのが仕事、検察は捕まってきた者を裁判にかけるか・かけないか又はそれ以外の処分にするかを決めるのが仕事（検察には特捜部があり、自分たちで捕まえることもある）という関係である。

警察の組織についても単純に述べるなら、全国の警察を取りまとめる警察庁、都道府県単位で警察を取りまとめる警察本部（東京の場合は警視庁）、都道府県内を区分けして管轄区域の治安を守る警察署という構成である。

目次

第一章

留置施設の構造

留置施設は、被留置者が収容されている居室（トイレ付）、風呂、運動場のほか、身体検査室、接見室、布団庫、留置担当官の事務室などで構成されている。映画や小説では、居室は三方が壁で残りの1面が鉄格子という構造であるが、正確ではない。更には、居室以外の設備が映画や小説で描かれることはほとんどないし、その存在を知っている者も少ない。

ところで「施設」という言葉が使われていると「専用の敷地に建てられた独立の構造物」をイメージされると思われるが、留置施設のほとんどは警察署の建物の一画なのである。この区画は警察署建物の2階以上のフロアにあり、鉄製の扉で隔てられている。図1

一　大扉

留置施設の出入り口となっている鉄製の扉を大扉（おおとびら）と呼称している。これは法律上の用語ではないが、留置管理の世界では大扉と呼んでいる。図2

(一) 大きさと特徴

大扉は大という文字が付されてはいるが、一般的な住宅の玄関ドアと同程度の大きさである。扉の重さについても、開閉時に重みを感じることはなく、厚みも一般的な扉と同程度であるが、絶対に突破されてはならない重大な存在、

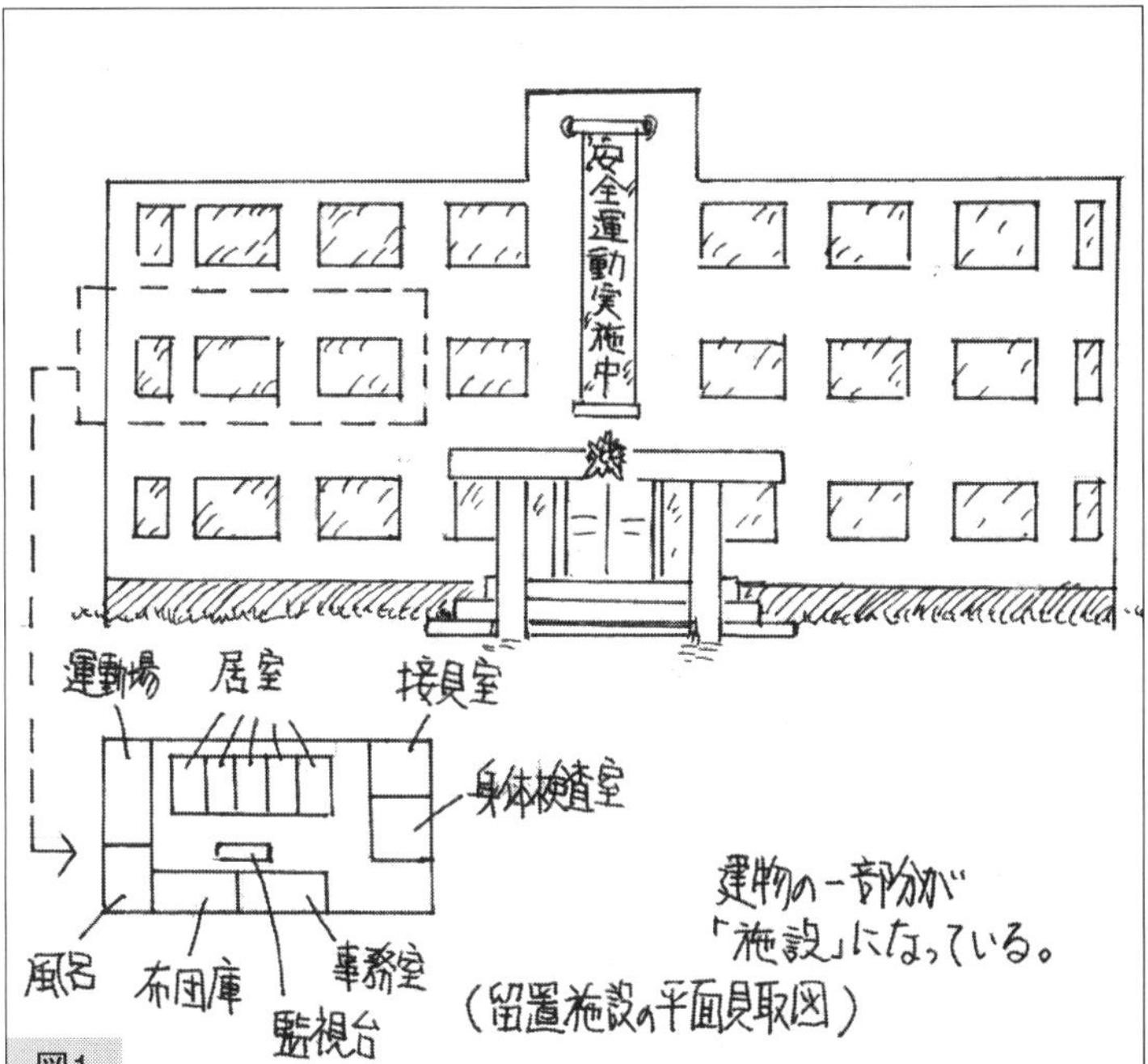
安全運動実施中
運動場
居室
接見室
身体検査室
風呂
布団庫
監視台
事務室
建物の一部分が「施設」になっている。
（留置施設の平面見取図）

図1

図2

という意味を込めて「大」という言葉を用いたのではないかと思われる。大扉にはスライド式の戸が付いた小窓が設けられている。小窓が設けられている理由は

ア 扉の向こう側の状況を見るため

大扉を開けてもよい状況になっていることを小窓を開いて確かめることになっている。

イ 来訪者が誰なのか確かめるため

一般的な住宅の玄関ドアにも「のぞき穴」が設けられている扉があるが、扉の向こうに来た者が誰かを確かめてから、大扉を開けることになっている。

ウ 小窓を通して話をするため

扉の向こうの人物に来訪目的を尋ねることになっている。

エ 小窓から書類などを受け渡すため

来訪者の目的が書類等の受け渡しであった場合は、大扉を開けることなく、小窓を通して受け渡す。

という理由である。

書類の受け渡しに関しては、必ず小窓を通さなければならないという決まりはないが、大扉の鍵は特定の留置担当官しか所持していないので、わざわざ大扉を開けなくても用が足りるなら、小窓から受け渡した方が効率的で合理的である。

大扉の付属品ではないが、大扉の横にはインターフォンが設置されている。来訪者はこのインターフォンで留置施設内の留置担当官を呼び出し、来訪目的を告げることになっている。

㈡ 大扉の鍵

ア 鍵を持っている者

映画やテレビでは鍵の束を持った留置担当官が居室の扉を開き、続いて大扉（らしき鉄格子の扉）を開くシーンがあるが、実際の留置施設では絶対にあり得ない。

大扉の鍵と他の鍵を「束」にしていることはなく、居室の出入り口の鍵（通称は「房鍵（ぼうかぎ）」又は「房キー」で、居室を房と呼称していた時代の名残である。）を持っている者に、大扉の鍵を持たせることもない。もしも、同一人物に大扉の鍵と房鍵を持たせていたら、その者が被留置者に襲われた場合、逃走するのに必要な鍵を同時に奪われるという最悪の事態が発生してしまう。このため、この2本の鍵は別々の留置担当官が携帯することとされている。

大扉の鍵を持つ者は、状況によって変わる。留置担当官のうちの階級が上位の者が持つとは限らない。休憩中の者が持つことはないし、留置施設から出て、警察署内の他の場所で作業をする場合は、留置施設内に残る留置担当官に鍵を渡すことになる。

留置担当官以外の者で大扉の鍵を携帯している者は、留置管理課の課長であり、夜間や休日は警察署の当直主任が留置管理課長から鍵を引き継いでいる。

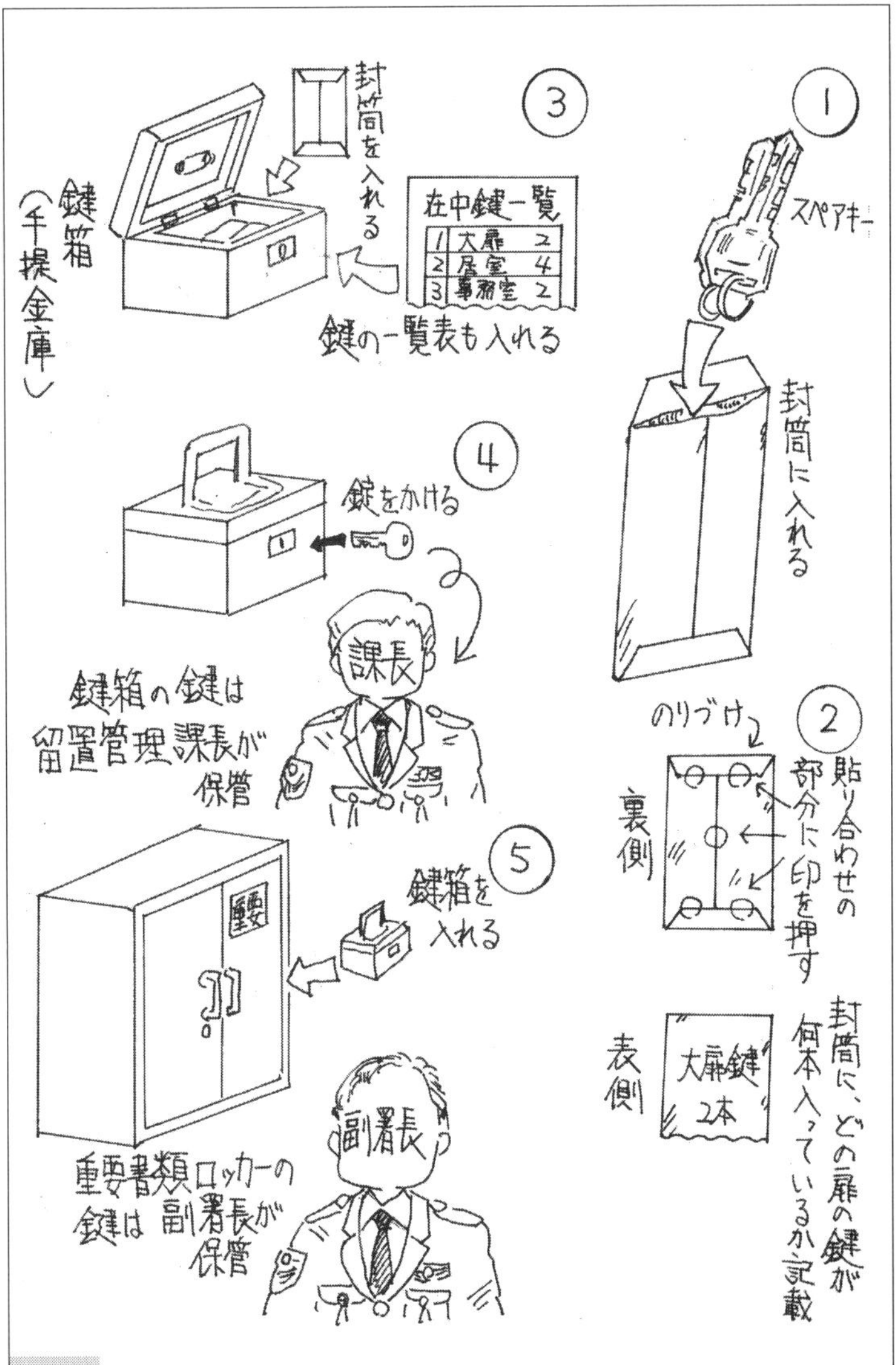
①
スペアキー
封筒に入れる
②
のりづけ
貼り合わせの部分に印を押す
裏側
表側
大扉鍵 2本
封筒に、どの扉の鍵が何本入っているか記載
③
封筒を入れる
在中鍵一覧
1 大扉 2
2 居室 4
3 事務室 2
鍵の一覧表も入れる
鍵箱（手提金庫）
④
錠をかける
課長
鍵箱の鍵は留置管理課長が保管
⑤
鍵箱を入れる
重要
副署長
重要書類ロッカーの鍵は副署長が保管

図3

イ スペアキーの保管

留置施設の鍵と言えども一般の鍵と同じでスペアキーはある。スペアキーの保管管理は厳重で、大扉の鍵や房鍵だけでなく留置施設内のすべての錠の鍵のスペアは警察署のナンバーツーである副署長（次長）が管理している。図3

副署長はスペアキーの保管数の一覧表と共に重要書類を保管するロッカーに、スペアキーを入れた鍵箱を保管して、半年に一回は数量点検を行う。警察本部の留置担当部門の警視や警部が抜き打ちで警察署に訪れて留置業務の点検をする際には、このスペアキーの数量点検も行われる。

留置施設で使われる鍵の複製は禁じられている。永年の使用で鍵山がすり減り、開錠がしにくくなったらスペアキーと交換し、すり減った鍵は廃棄することなくスペアキーの鍵箱に入れて保管する。すべてのスペアキーがすり減ったり折れたりした場合は、錠の製造業者に鍵の製造番号を連絡して、新しい鍵を製造してもらうこととされている。

(三) 大扉を開ける手順

映画やテレビでは、大扉を開けるシーンはほとんどない。もしも、大扉を開ける現実の手順を映画やテレビのシーンに取り入れたら大袈裟で滑稽に見えてしまい、観客や視聴者は「演出のやりすぎだ。」「戦国時代のお城じゃないんだぞ。」と感じてしまうかもしれない。

ア 留置施設内に入る場合

①小窓に付いている引き戸を開ける。
②小窓から大扉の向こう側を見て、開けてもよい状況になっていることを確かめる。
③大きな声で「かいじょお〜〜。（開錠）」と言い、大扉を開けることを扉の向こう側にいる留置担当官に知らせる。
この時点では、錠穴に鍵は差し込んでいない。

大声で「かいじょお〜〜。」と言う（叫ぶほどではない。）ことが大袈裟な演出に見えてしまうかもしれないが、行うべき事項として定められている。大声で言わなければ、扉の向こうである留置施設内の留置担当官に聞こえないからだ。
④留置施設内の留置担当官から「待て〜〜〜。」と言われたら扉を開けてはならない。何らかの理由で、大扉を開けてしまうと困る場合には、大扉を開けるのを止めるため「待て〜〜〜。」と言うことになっているためだ。
何も返事がなかったら、この時点でようやく鍵を錠穴に差し込んで、扉を開ける。
⑤速やかに留置施設内に入り、扉を閉め、小窓の引き戸も閉める。大扉の錠は自動ロックにな

っているが、念のため施錠を確かめる。

イ　留置施設内から出る場合

基本的には、入る場合と同じで小窓から扉の向こう側の状況を確かめて、続いて、留置施設内で勤務する留置担当官にこれから大扉を開けることを知らせるために「かいじょお〜〜。」と大声で言い「待て〜〜。」の声がなければ扉を開く。

ウ　来訪者を留置施設に入れる場合

①留置施設に入りたい来訪者は、大扉脇に設けられたインターフォンで留置担当官に扉を開けてくれるよう依頼する。

②大扉の鍵を携帯している留置担当官が大扉前に行き、小窓を開いて来訪者を確認し、来訪目的と危険物の所持がないことを確かめる。この場合、来訪目的が留置施設内に入らなくても済む用件なら、入らせない。

危険物とは凶器のほか、携帯電話器も該当する。警察官だから勤務中に拳銃を携帯しているが、留置施設に入る際はあらかじめ拳銃を外しておかねばならない。携帯電話器が危険物に該当する理由は「外部と連絡ができるから」である。

③来訪目的に問題がなく、危険物の所持がないことを確認したら、鍵を携帯している者が「かいじょお～～。」と言い「待て～～。」がかからなければ大扉を開ける。

エ 来訪者を留置施設から出す場合

大扉の鍵を携帯する者が来訪者と共に大扉前に行き、扉の向こう側の状況を確かめてから「かいじょお～～。」と言い「待て～～。」がかからなければ大扉を開け、来訪者を施設外に送り出す。

留置担当官が大扉から出入りする場合も、来訪者を出し入れする手順とほぼ同じだが、来訪目的を尋ねたり危険物の有無を確認することは省略する。留置担当官が勤務場所に戻ってきたのだから来訪目的を尋ねるのはおかしいし、危険物を携帯してはいけないことを知らない留置担当官はいないからである。

二　居室

被留置者が日常生活を送る場所で、数人が入れる広さがある。正式には「第1室」「第2室」と番号を付してあるが、房と呼称していた時代があり、その名残として居室の出入り口の扉の鍵を房鍵とか房キーと呼称していることは既に説明したとおりである。

㈠　鉄格子

居室は映画やテレビの映像では、鉄格子に取り付けられている物はないが、実物には硬質のアクリル板がはめ込まれている。アクリル板は遮蔽板と呼称されその設置目的は、被留置者の精神的圧迫を軽減するためである。図4

人通りの多い道に面した飲食店の窓にお客の顔の高さに合わせて目隠しシールが貼ってあったり、ガラス自体がすりガラスになっていたりするのは、客が通行人の視線にさらされて圧迫を受けないよ

このように、中の人が
「まる見え」にはなっていません。
図4

うにするためだ、という。同じことが被留置者にも当てはまり、留置担当官からの視線を常に受けていることは精神的圧迫を感じてしまうので、それを軽減するため視線を遮る遮蔽板を鉄格子に取り付けているのである。

遮蔽板は鉄格子全体に取り付けられているのではなく、上端は被留置者が居室内で立っていたら肩から上が見える程度の高さで、下端は脛から下が見える程度の高さである。被留置者の側から言うなら、居室内で坐っていれば留置担当官の視線を感じることはなく、留置担当官の側から言えば、被留置者が坐っていても腰から下は見えるので、居室内の被留置者の行動を監視可能になっている。図5

鉄格子の強度は部外秘扱いだが、エピソードを紹介する。とある警察署が移転・建て替えになり、引っ越し後の無人となった庁舎を使って災害救助訓練が行われた際の話である。訓練部隊がエンジンカッターで留置施設の居室の鉄格子を切断しようとしたところ訓練

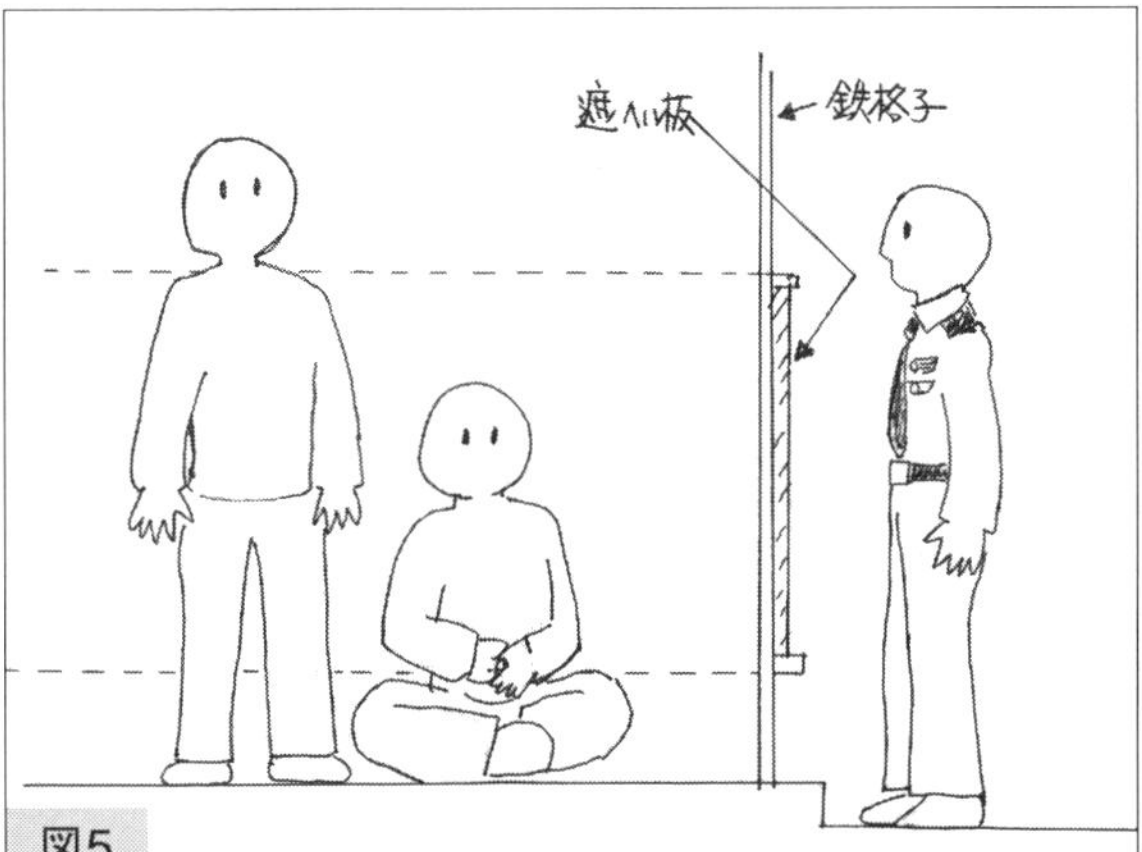

図5

予定時間を過ぎても、人が通り抜けられる大きさの穴を開けることができなかった、という。それほどの強度で作られている鉄格子なのだから、警察署に突入して居室の鉄格子を切断し、留置されている者を脱走させようとしても成功することはない。

さて、居室内は被留置者が互いのプライバシー（住所、名前、職業など）を守れるように私語禁止である。実際には、同室者なら多少の会話はできるが、少なくとも、隣の居室に入っている者と会話をすることはあり得ない。テレビドラマや映画では主人公とその仲間が居室の壁を挟んで話をするシーンがあるが、現実の留置施設であれば留置担当官に直ちに制止されてしまう。そもそも、知り合いどおしを隣接

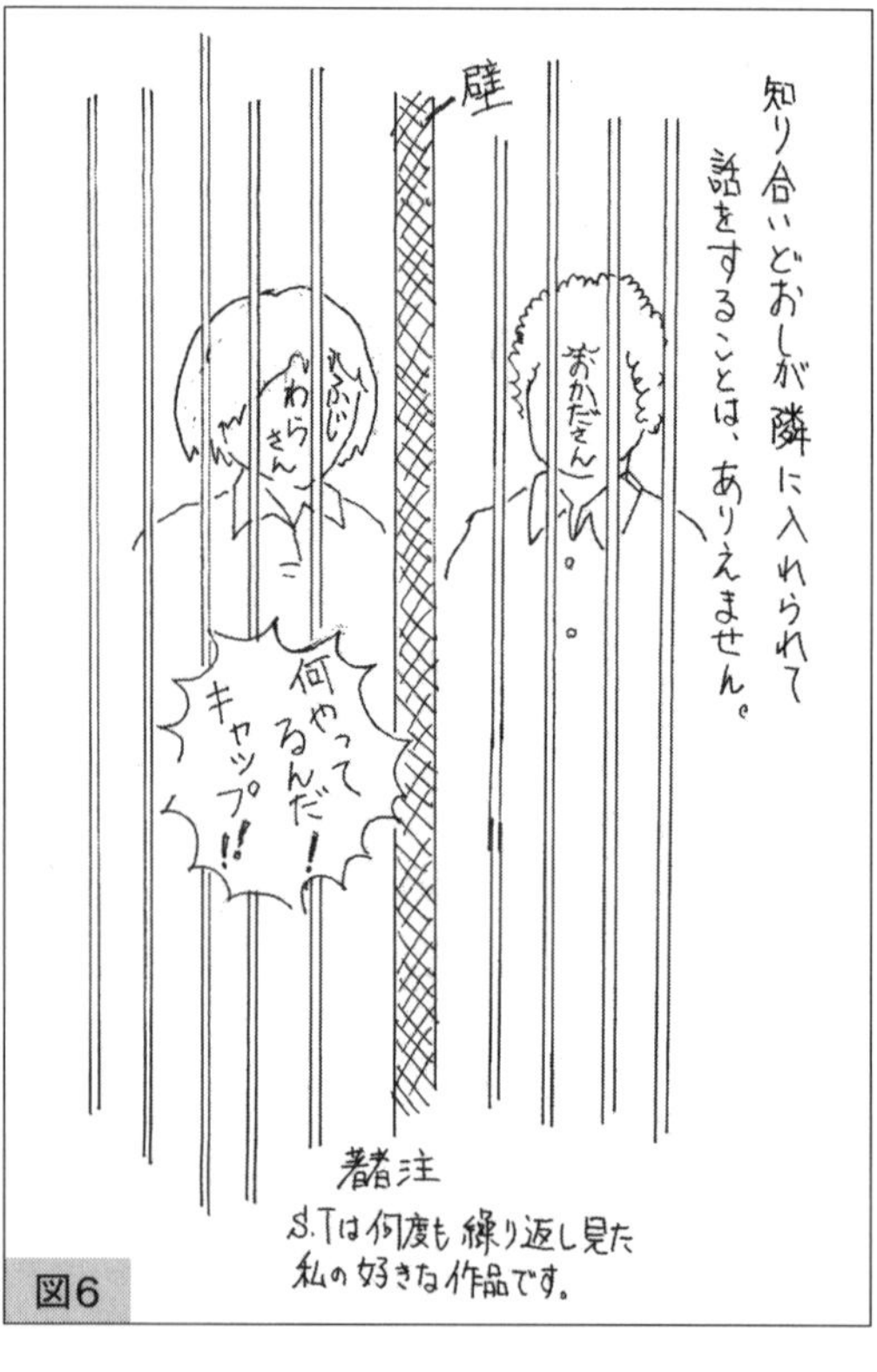
壁
知り合いどおしが隣に入れられて話をすることは、ありえません。
わらさん
おかださん
何やってるんだ！キャップ!!
著者注
S.Tは何度も繰り返し見た私の好きな作品です。

図6

する居室に収容することはないし、逮捕された者が警察官であるなら「対面監視」といって、居室の前に監視要員を固定配置するのでドラマや映画などのように大切な情報交換をすることは一〇〇％実行不可能である。

このような運用がされていることは、警察部外の人はもちろん、警察職員であっても知らない人が多いのだから、十分な考証がされないのもやむを得ない。筆者がとても好きな「劇場版ＳＴ赤と白の捜査ファイル」でも、ふじわらたつやさん扮する赤城とおかだまさきさん扮する百合根が居室の壁を挟んで話をしていたが、致し方ないことである。図6

(二) 床

居室の床は柔道の畳のように塩化ビニールレザーで覆われていて、耐水性は十分であり汚れにくくて破れにくい特製の畳である。居室内には椅子やテーブルがないので、食事の容器（仕出し弁当の箱）は床に直置きすることとなる。そのため床となる畳は清潔感が保てる素材でなければならない。一般的な畳では毛羽立ってしまい、丁寧に掃除しても微細なゴミが畳の目の中に残ってしまう。板張りなら清潔感は畳より高いが、坐っていると固くて保温性も悪い。だから、一般的な畳や板張りは居室の床材として適していない。

留置施設では月1回の頻度で、一斉点検が行われ、その点検項目は多岐にわたっている。居室内については畳を上げて畳の下に隠されているものがないかを点検する、という項目がある。点検の際には、せっかく畳を上げたのだから床板に溜まっている埃を掃除機で吸い取り、殺虫剤を床板に撒く。このため被留置者の中には「月一の大掃除」と

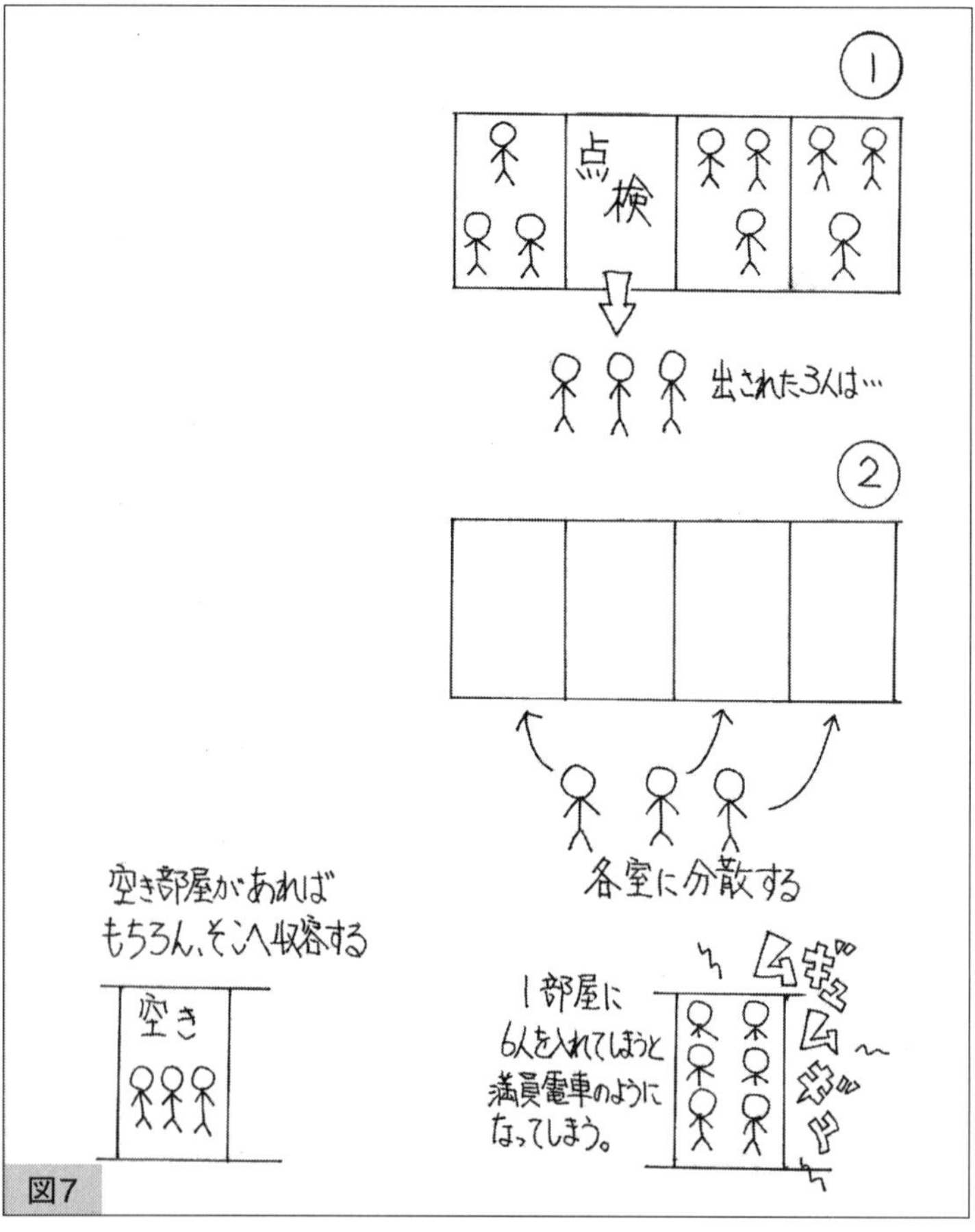

①
点検
出された3人は…
②
各室に分散する
空き部屋があれば
もちろん、そこへ収容する
空き
1部屋に
6人を入れてしまうと
満員電車のように
なってしまう。

図7

認識している者がいるが、あくまでも畳の下に隠匿物がないことを確かめる点検なのである。

　畳を上げている間は、その居室の被留置者は当然のことながら居室から出され、他の居室に分散して入れられる。例えば、居室の数が4室で各室の収容者数が3人ずつだとすると、点検を受けている居室から出された3人は、点検を受けていない三つの居室に1人ずつ入ることとなる。ひとつの部屋に多人数を収容すると窮屈になるだけでなく、それがきっかけでトラブルが起きる可能性があるので、留置担当官としては手間が増えるが、分散して収容している。図7

㈢ トイレ

　居室にはトイレが付いている。水洗トイレではあるが、和式でありおしりを洗う装置はもちろん付いていない。便器は床面より40から50センチメートル高い位置に設置されているので、用を足すには被留置者は便器の位置まで登り、そこでしゃがみ込むこととなる。万が一、しゃがんでいる時にバランスを崩して後ろに倒れてしまうとプロレス技の「ジャーマンスープレックス」を受けたような状態になり後頭部に大きなダメージが生じてしまう。足腰の弱い者や太鼓腹で適切な前傾姿勢を保てない者にとっては恐怖のトイレである。図8、図9
　そこで、被留置者に足腰の病気や衰弱が認められる場合は、和式便器の上にかぶせられるポ

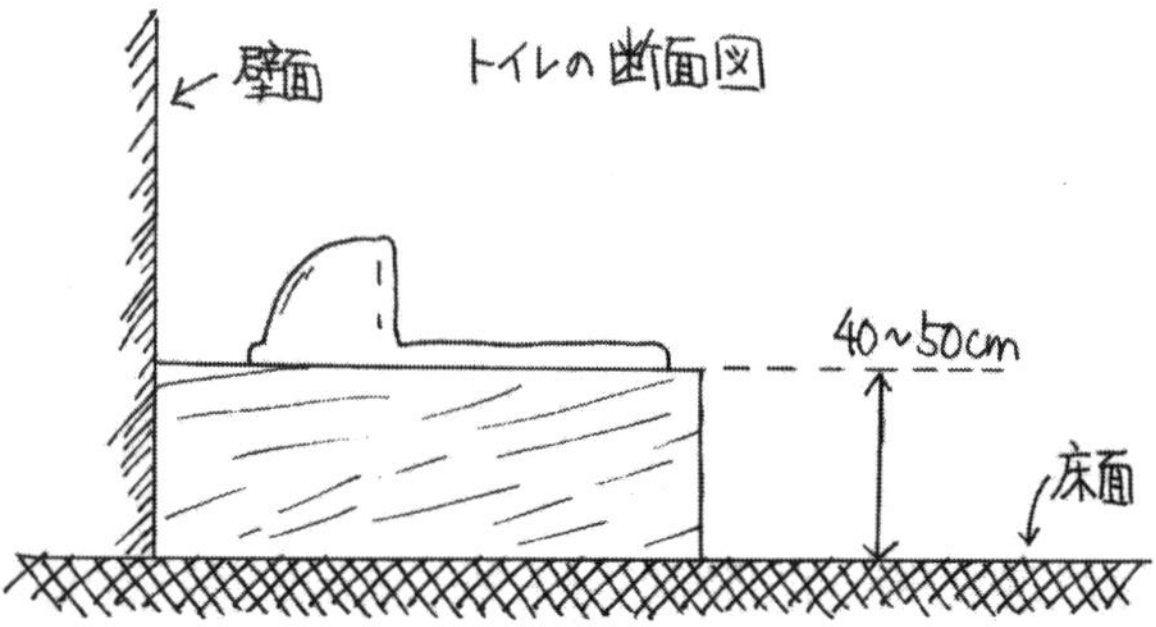
壁面
トイレの断面図
40〜50cm
床面

図8

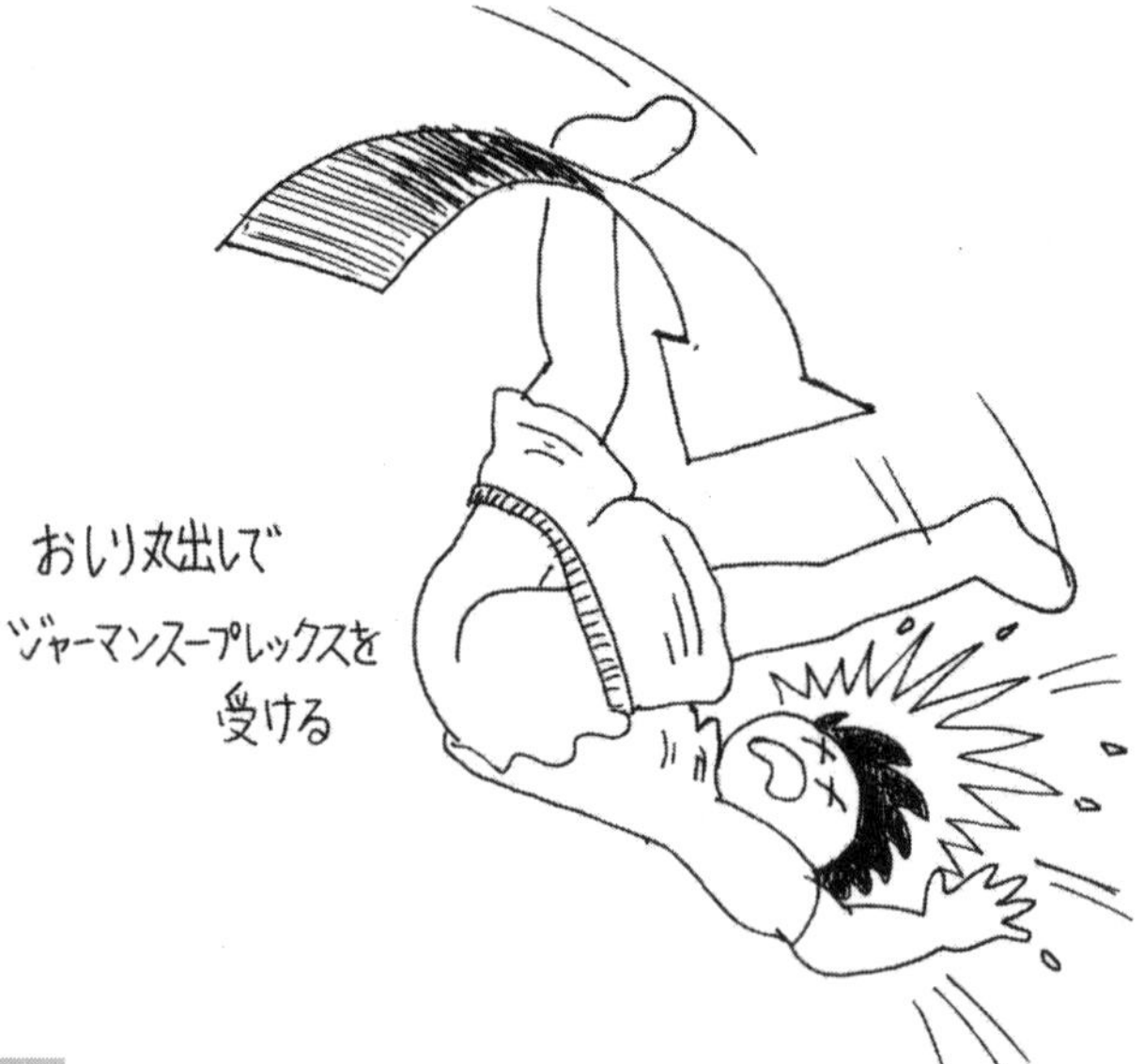
おしり丸出しで
ジャーマンスープレックスを
受ける

図9

ータブルの洋式便器（便座）が留置施設には備えられている。留置担当官が警察署の倉庫からポータブル便座を運んできて和式便器にかぶせる。使用する場合は和式とは正反対の方向を向いて、便座に坐る。便座を温める装置は付いていないので、冬場は冷たい硬質プラスチックの上におしりを乗せることになる。

　用を足した後は、壁に取り付けられたボタンを被留置者が押して水を流す。そのようなことは当たり前だ、と思われるであろうが、かなり昔のことであるけれどもトイレ内に水を流すボタンやコックが付いていない時代があった。どうするかというと、用を足した被留置者が留置担当官に対して「便水（べんすい）お願いします。」と声をかけ、留置担当官は監視台に取り付けられているボタンを押して居室のトイレの水を流していた、という。現在も数多くの留置施設で、使われることがなくなった便水ボタンが撤去されることなく監視台に残っている。

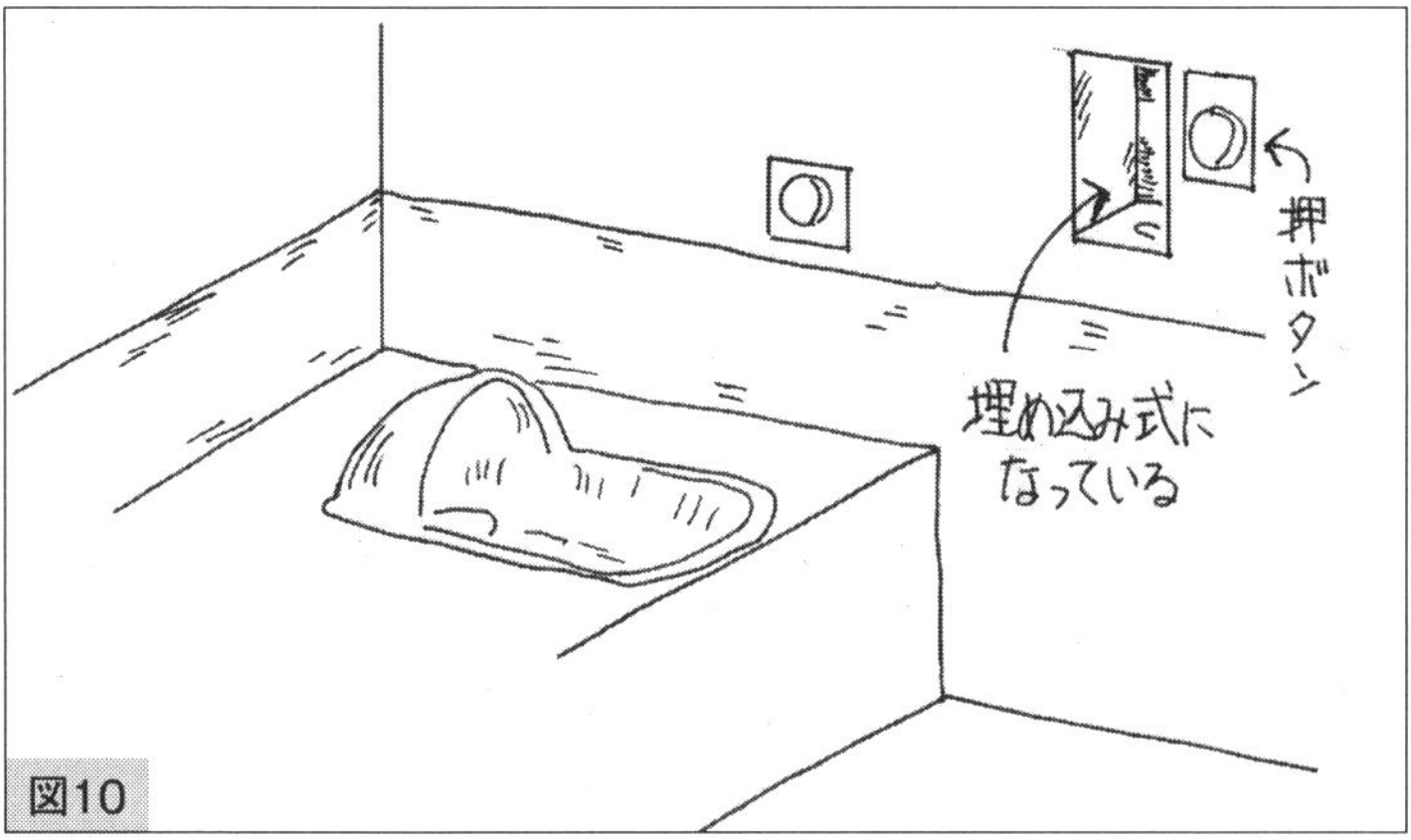

図10

用を足した後に手を洗う水の吐水口は壁に埋め込まれている。一般的には、手を洗う水はトイレの水を貯めるタンクの上に取り付けられている吐水口から出てくるが、留置施設のトイレには水を貯めるタンクはない。手を洗う水は、壁に埋め込まれた吐水口から出てくるのである。トイレの壁には縦横とも30センチメートルくらい、奥行き15センチメートルくらいの空洞があり、その空洞の上部が吐水口になっていて、ここから水が出るので手を洗う。空洞の底面には排水口があり水はここから流れ出ていく。図10、図10の1

トイレに備え付けられているトイレットペーパーは、芯となっているボール紙が取り除かれている。市販のトイレットペーパーには芯がないタイプもあるが、芯があるトイレットペーパ

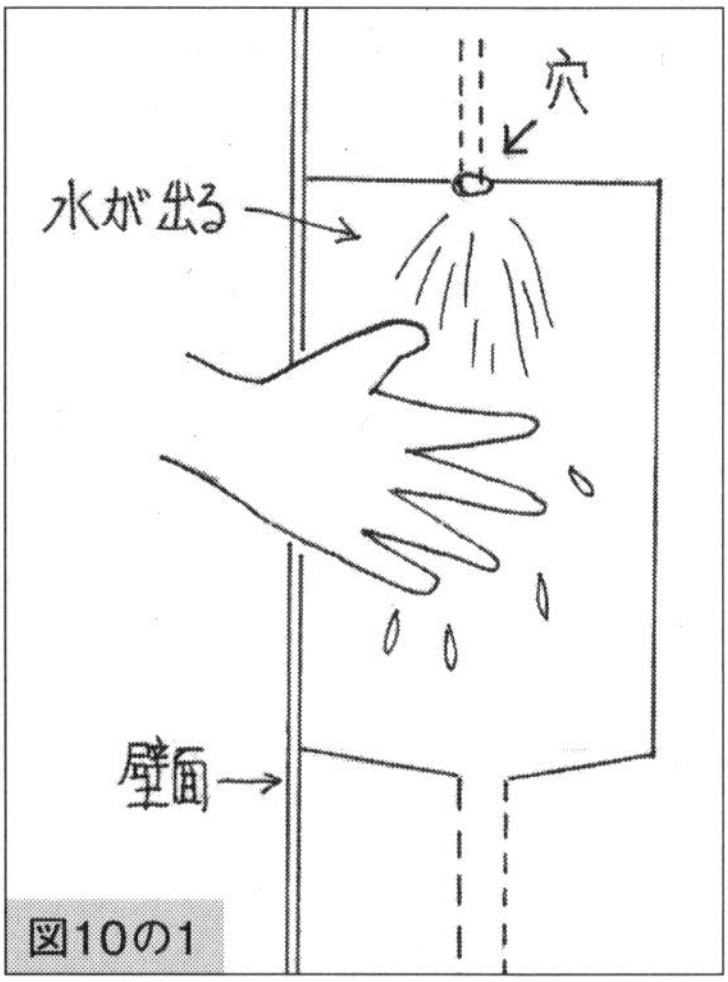

図10の1

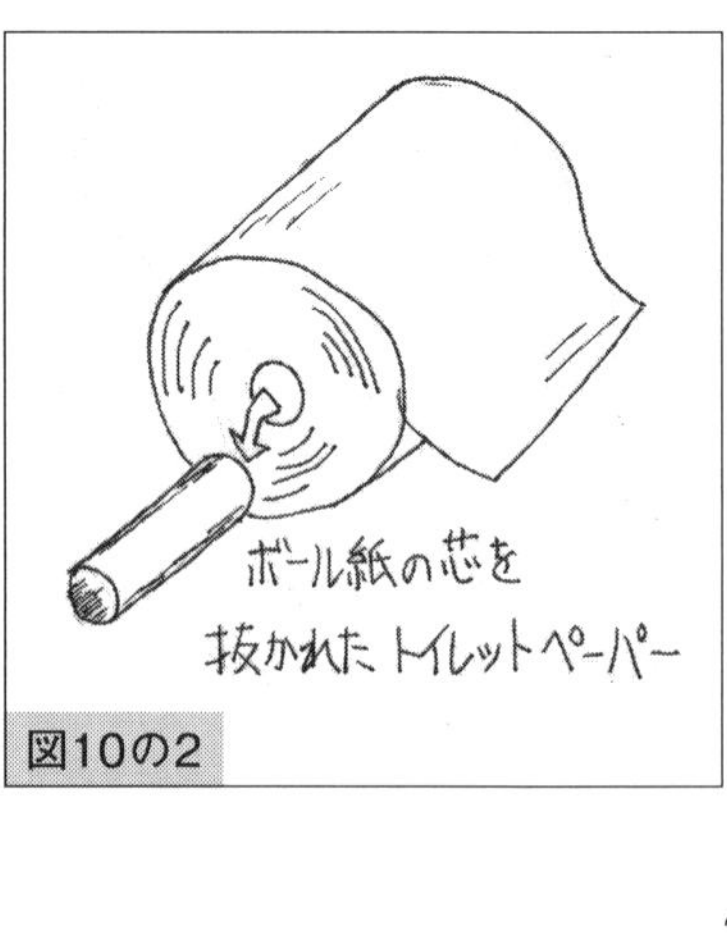

図10の2

ーを購入し、留置担当官が正規業務として芯抜き作業を行っている。単価の高い芯なしタイプを買うべきか、警察官がペーパーの芯抜きに勤務時間を費やすべきなのか。小さな話であるが、現場の人間は疑問を感じながら芯抜き作業を黙々と続けている。図10の2

㈣ 居室と保護室

警察署には保護室という部屋がある。法令の定めに基づいて鍵のかかる部屋に人間を収容するという点では留置施設の居室と同じだ。このため、保護室に収容された人にとっては「警察に捕まった。」という感覚になり、周囲の人たちも「○○さんは警察に連れて行かれた。」と噂することになる。しかし、保護室は留置施設内ではなく、別の場所（階が異なることもある）に設置されている。当然のことながら大扉を通ることなく、保護室に収容される。

道路をふらついて歩いていて危ない、という理由で保護された酔っ払いは、留置施設に収容されることは絶対になく、保護室に収容となる。同じ酔っ払いでも、人を殴って逮捕された場合は、大扉を通り留置施設の居室に収容される。このように保護されたのか、逮捕されたのかによって『入れる部屋』が変わるのである。

「ルパン三世　第1シリーズ第15話（ルパンを捕えてヨーロッパに行こう）」では、酔っ払いに変装したルパンはわざと警察に保護され、収容される。ルパンは隠し持っていた「脱獄セット」

を鉄格子に貼り付ける。その後、大金持ちの屋敷から純金製の胸像を盗んだルパンは、逃走中に銭形警部に逮捕されるが、鉄格子に貼り付けたおいた脱獄セットを使って警察から逃げてくるのである。ルパン三世の第1シリーズが制作されたのは昭和の半ばであるから、当時は留置と保護は同じ場所であったかもしれない。しかし、昭和の終わり以降は、留置と保護は完全に分けられている。従って現在は、保護されたときに部屋の鉄格子に「脱獄セット」を隠しても、逮捕されたときに手を触れることすらできないのである。図11

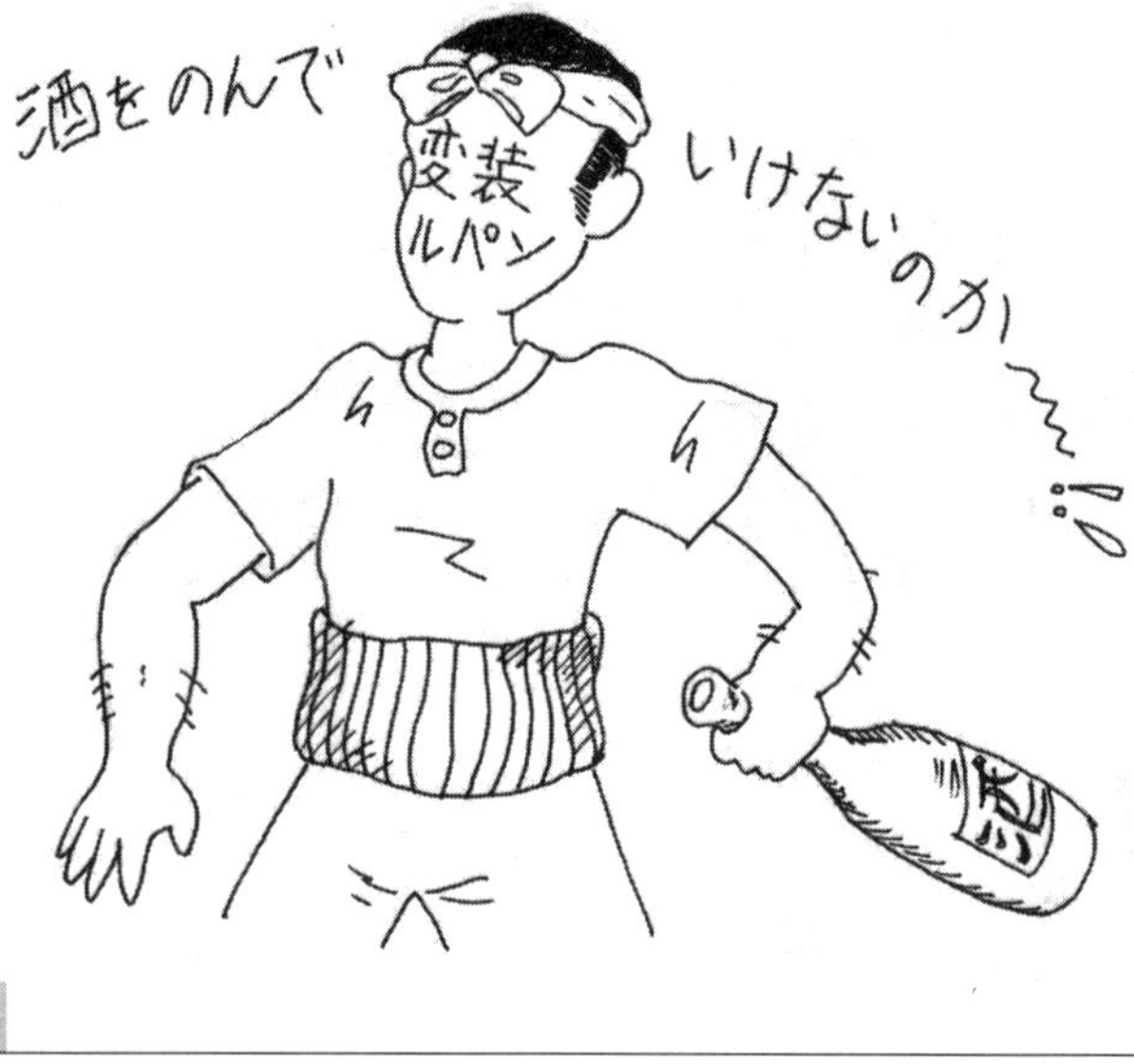

図11

三 監視台、洗面所

多くの留置施設では、居室と向かい合わせの位置に留置担当官が常駐する監視台が設置され、その横並びに被留置者用の洗面所が設けられている。

(一) 監視台

学校の教室の教壇のように留置施設のフロアから一段高くなっている場所に作り付けの机が置かれ、その机には目隠し板が取り付けられている。目隠し板は留置担当官が椅子に坐って作業をしているとき、手元を被留置者に見られないようにするためだ。見られて困るようなことはしていないが、書類を書いたり物品の数を数えている時に手元を見られている、と意識すると余計なプレッシャーになるからだ。被留置者が収容されている居室に遮蔽板が取り付けられているのと同じように、留置担当官も目隠し板で心の平穏を守っている訳である。図12

監視台の机には大扉の脇のインターフォンなどとつながっている電話機が置かれている。この電話機で連絡できる相手先は、大扉脇・留置管理課事務室・警察署の当直室だけである。その理由は、もしも、被留置者が留置施設を占拠してしまっても、外部との連絡ができないようにするためだ。被留置者が外部と連絡する可能性をゼロにするには「電話を引かなければよい。」という発想だ。電話がないと日々の勤務に不便を感じるが、あえて不便な状態のままにしているのである。

　机の周囲には、非常ベルのスイッチ、留置施設内の各照明スイッチ（光量コントロールができるものもある。）が設置されている。トイレに関する説明で記載したように、今は使われなくなった「便水」を流すボタンが撤去されないままズラリと並んでいる留置施設も多い。

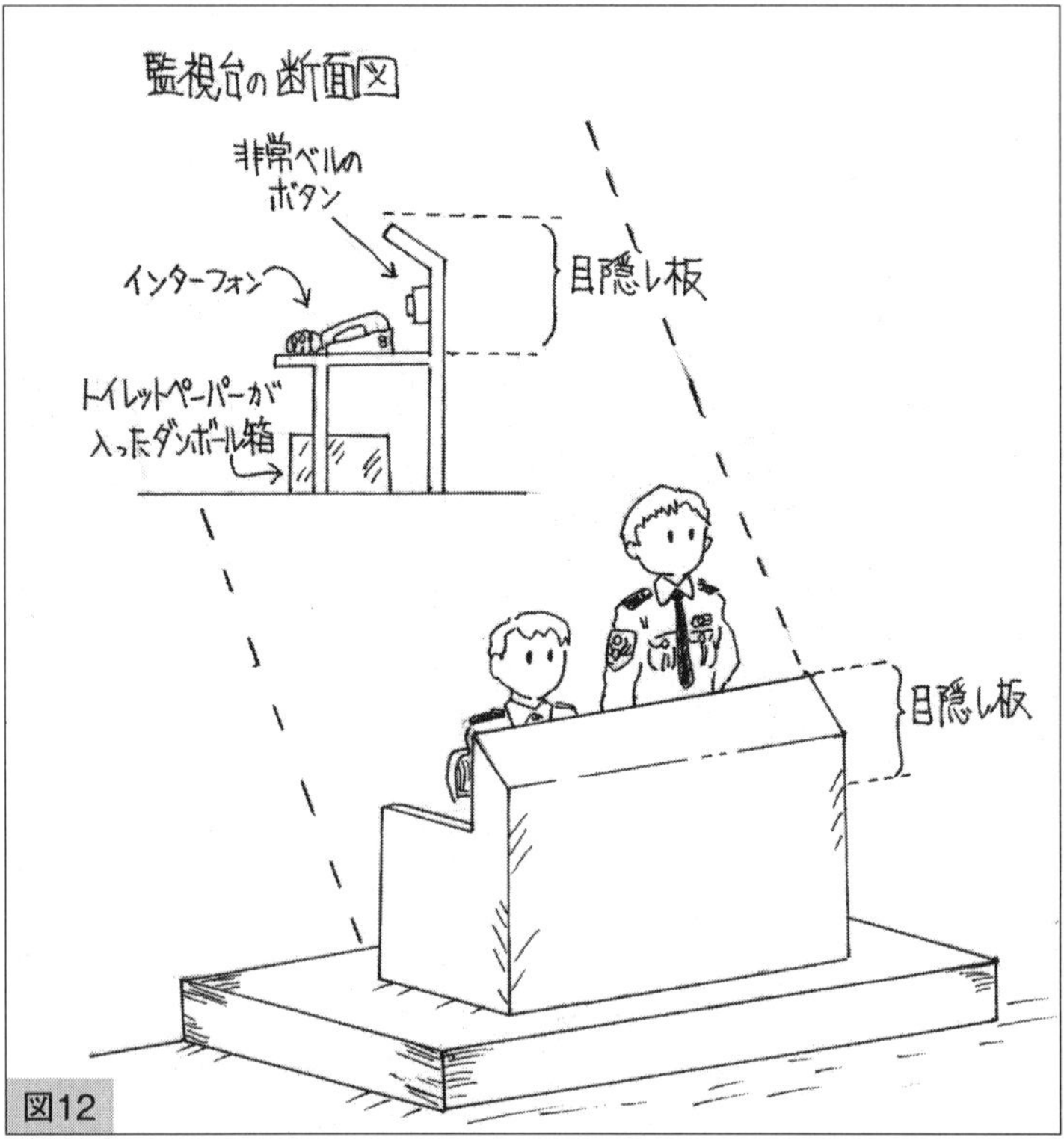
監視台の断面図
非常ベルの
ボタン
インターフォン
目隠し板
トイレットペーパーが
入ったダンボール箱
目隠し板
図12

留置施設の監視台には多数の監視用モニターの画面や各種のセンサーの液晶パネルが取り付けられているだろう、と想像していたなら、ハズレである。机の引き出しには、文房具（ハサミ、カッター、千枚通しなどの凶器となり得るものを除く）や各種の書類が入っているだけ。芯抜きしたトイレットペーパーを入れた箱が、机の脚元に置かれている、といった状況である。

㈡ 洗面所

洗面所は、文字通り洗顔や歯磨きなどをする場所である。被留置者はここで、起床後や就寝前の洗面をする。形状は学校の水飲み場のようになっていて、大きな留置施設では蛇口は7本くらい、小規模でも4本くらいが設けられている。蛇口の数と同じ数の軟質プラスチック製のコップが備えられ、被留置者

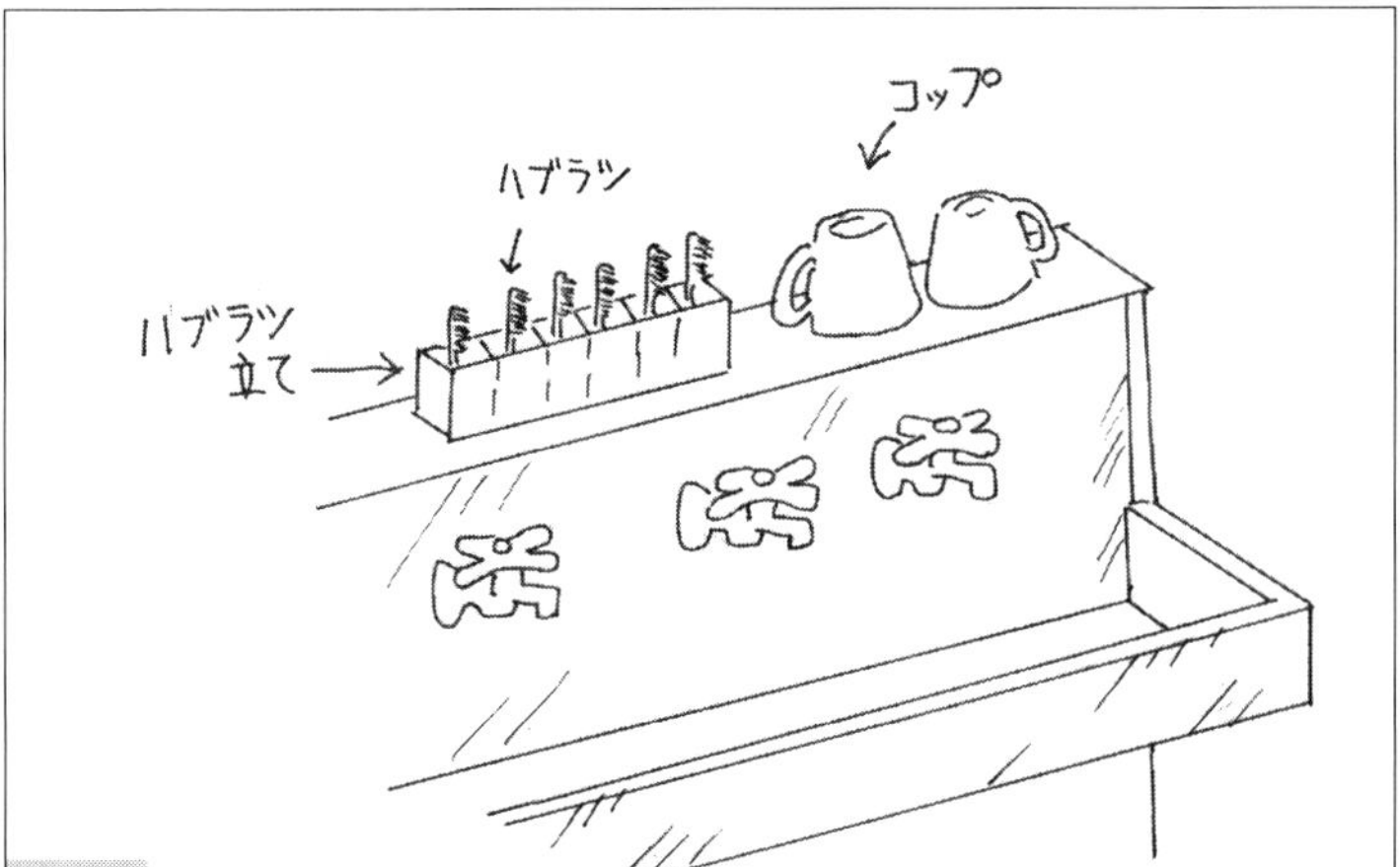

図13

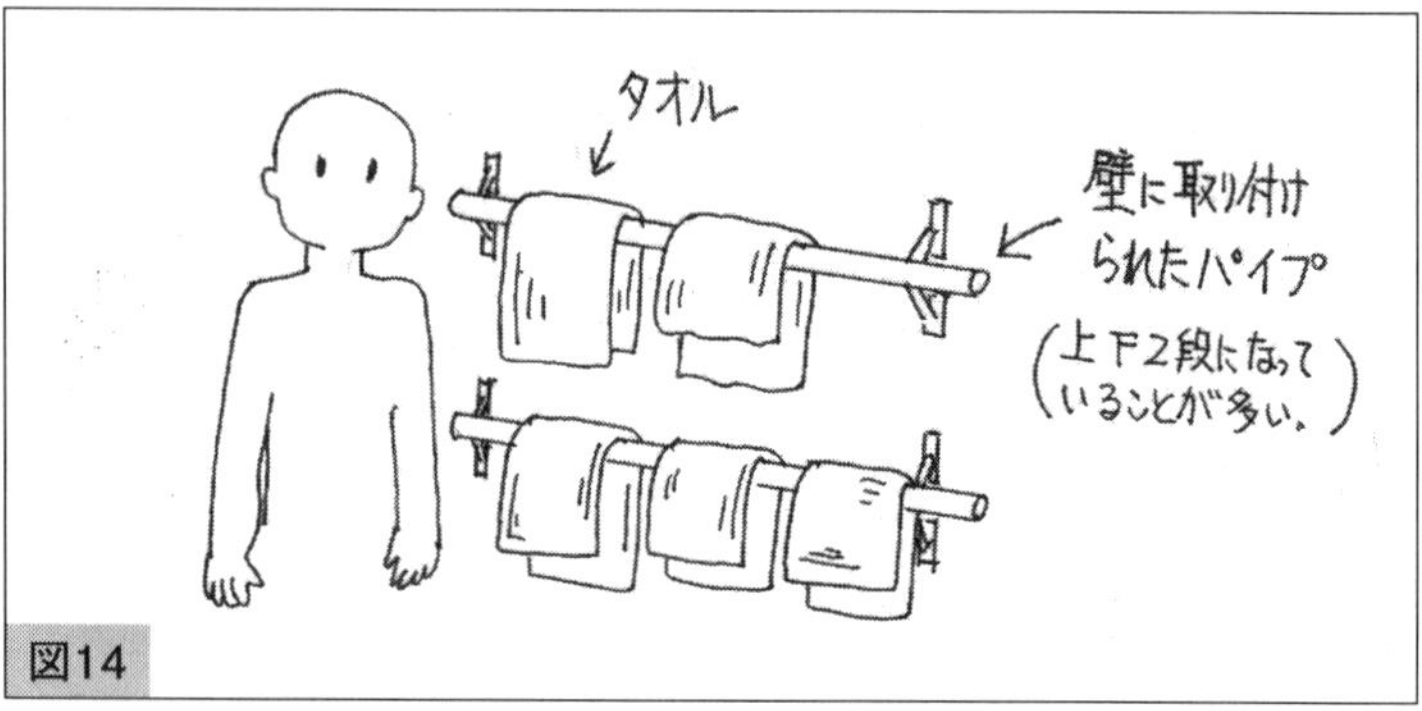

図14

が使う歯ブラシは、歯ブラシ立てに1本ずつ立てられている。タオルは洗面所近くの壁に取り付けられたパイプ(手摺のようになっている)に掛けられている。洗面のときだけでなく、風呂に入る時もこのタオルを被留置者は使う。タオルの大きさは、通常の浴用タオルサイズと決められ、バスタオルの使用は認められていない。図13、図14

洗面中にタオルを首に掛けることも禁止されている。なぜ、タオルを首に掛けてはいけないのか、はっきりした理由は不明だが、かなり昔にどこかの留置施設でタオルを首に掛けていた被留置者が、問題となる行動をしたのだろう。その当時の留置管理の責任者は、同じことが発生しないように「タオルの首掛け」をNGとしたに違

図15

いない。それが、営々と引き継がれ、NGとなった原因が分からなくなったのに現在に至っているのだと思われる。一度、NGになったことは、なかなか解除されない、ということである。図15

一般社会でも、NGにした事項に関して、禁止を解除するとなった場合は責任が伴う。つまり、解除したために事故やトラブルが発生したら、禁止解除を決めた人物は責任を追及されることになる。禁止を解除したことによって得られるメリットが大きいなら検討の余地はあるが、タオルを首から掛けることのメリットとは何であろうか。その程度のメリットのために、わざわざ個人的なリスクを冒す必要はない、と誰もが考えているのだろう。

四 風呂

(一) 大きさ、入浴準

留置施設の風呂は共同風呂であり、大きさは3から4人が入れる程度である。出入り口の扉には自動ロックの錠があり、監視用の窓も付いている。被留置者の逃走防止のためなので、当然と言えば当然の設備である。入浴時間は20分で、終了5分前になると監視している留置担当官が「留置番号○番は、あと5分だよ。」と声をかける。入浴の順番は居室ごとになっていて、今回の入浴が第2室からならば、次回は第3室から、ということになる。居室に複数の被留置者が収容されている場合は、順番を被留置者が互いに話し合って決めて（大抵は、古くから収容されている人から入っているようだ。）いる。

風呂の順番が来ると、被留置者は居室から出され、留置担当官が同行して洗面所付近に干してある自分のタオルを取り、続いて個人ロッカーに行き、個人ロッカーから着替えを出して、風呂の出入り口前に向かう。ここには着替えを置く棚があるから、棚に着替えを置き、服を脱ぐ。

(二) 洗濯物

20分後に風呂から出てきたら、洗濯物は備え付けの洗濯ネットに入れる。ネットのチャックはすぐに留置担当官が閉め、チャックの金具は結束バンドで留めてしまう。結束バンドを使ってチャックが絶対に開かないようにする理由は、洗濯物の紛失防止・混在防止のためである。

被留置者の服やタオルが入れられた洗濯ネットは、クリーニング業者さんが大型洗濯機で洗濯し、乾燥もネットごと乾燥機に入れられる。業者さんはそれなりに丁寧に扱っているが、洗濯機でも乾燥機でもグルグル回しになるのだから、チャックが簡単に開かないようにしておかないと紛失や混在が発生してしまう恐れがある。洗い方については留置担当官が被留置者に対してあらかじめ「グルグル回しだよ。」と説明している。

洗濯ネットは、入浴日の翌々日に戻ってくる。洗濯ネットには番号札が付いているので、どのネットが誰のものかすぐに分かるようになっていて、それぞれの持ち主に渡され結束バンドは留置担当官が爪切りで切断する。ここで気に留めてもらいたいのは、切断に使われるものがハサミやカッターナイフではなく、爪切りであることだ。被留置者の目の前でバンドを切るのだから、万が一、被留置者に奪われても危険のない刃物として爪切りが使われている。留置施設とはそういう世界である。

洗濯代金は被留置者が負担することはない。衣食住と医療については原則として無料である。例外として、個別の事情による要求については、必要経費を被留置者が負担することになる。留置施設で準備した衣類を着たくなければ、家族等から衣類を差し入れてもらうことになり、お菓子を食べたければ、被留置者が所持金で買うことになり、警察が契約していない医師の診療を要求するなら、その医療費は自己負担となる。もちろん、居住する場所に関して「自己負担するからホテルに泊めてくれ。」と言っても不可能である。

㈢ 入浴の頻度、女性の入浴

刑事収容施設法施行規則第一七条第二項では「入浴の頻度を最低でも五日に一回を下回って

はならない。」と定めている。実際には、入浴回数を週2回と決めている留置施設が多いようだ。2回のうち、1回は土曜日か日曜日にしている。「閉庁日（へいちょうび）」と呼ばれている警察の一般業務が休みの日は、取り調べがされることも少なくなるので、被留置者を風呂に入れていても、取り調べに支障が少ないからである。もう1回は、水曜日か木曜日が多い。こちらは平日なので、捜査活動とバッティングしないようにあらかじめの調整がされる。基本的には被留置者の権利を守るため、入浴を優先するが、取り調べが予定されている被留置者をその日の一番風呂（つまり入浴順の変更）にすることはしばしば行われる。事前調整をしていなければ、被留置者が入浴することを理由に、捜査員は待たされるのも当たり前になっている。

被留置者を入浴させている間は、留置担当官も配置が多くなる。風呂の前での監視、居室から風呂場までの同行担当、洗濯物の処理（結束バンドを留める。業者さんに渡すための大袋にネットを詰める。）などの業務があるので、前日の朝から勤務していた留置担当官が残業するほか、普段は被留置者の護送を担当する警察官も加わり、留置管理部門におけるちょっとしたイベントともいえる。

平成20年ころまでは、男性と女性は同じ留置施設に収容されていた。留置担当官は男性警察官であるから、女性被留置者の入浴中の監視は他の部署から女性警察官や事務の女性職員の応援を受けることになる。刑事収容施設法施行規則第一七条第三項にも女性の入浴の監視は女子職員でなければならない、と規定している。成人映画の「女囚刑務所」みたいに男性警察官が入浴中の女性被留置者に手を出すエロチックな場面を期待している人はいませんか。

平成20年ころ以降は、女性専用の留置施設が少しずつ設置され、男性被留置者と女性被留置者が一つの留置施設に混在することはなくなった。

五　運動場

㈠ 広さ、設置目的

運動場の広さは、広いものでバレーボールコートの一面全部、狭いものでもその半分くらいである。つまり、キャパシティは多いと10人から12人のレベルで少ないと5人から6人のレベルである。

天井の高さは、一般住宅のものより高く4メートル以上はあるが、体育館をイメージするとかなり低い印象になってしまう。しかし、運動場の設置目的を踏まえるなら体育館と比較すること自体が、そもそも間違いである。運動場と呼ばれているので体育館をイメージしてしまうが、球技や器械体操をやろうというものではない。運動場にはトレーニングマシンの類も全く置かれていない。身体を動かすとしても、床も壁もコンクリートの打ち抜きだから立ったままでストレッチやラジオ体操をする程度のことしかできない。運動するというよりは、被留置者が空を見上げて外気に触れてリフレッシュする場所、という位置づけだ。天井はあるが、半分は鉄格子と金網の天井なので空を見ることができる。留置施設は完全密封状態で窓があっても開けることはなく、窓ガラスは外が見えないように擦りガラスだ。護送で留置施設の外に出ない限り、空を見ることも外気に触れることもできない。それでは精神的に参ってしまうおそれがあるので、半分だけでも天井が開いている運動場が作られた。

鉄格子の天井からは、雨や雪が当然のごとく運動場内に降り込んでくる。そうなると運動場の床の8割程度はずぶ濡れになる。タイルやリノリウムのような床材を使うと、濡れたら滑る危険が極めて高くなるから、転倒防止のために床はコンクリートのままになっている。

(二) 実は喫煙所

官公署における喫煙に関する規制が「屋内でも喫煙所ならOK」という時代があった。この時代までは、運動場は喫煙所であった。屋内の喫煙が全面禁止され、喫煙所が撤去される時点で、半分は屋外の運動場も禁煙の規制対象となった。タバコが吸えなくなる、ということに対して被留置者が反発して大騒ぎになるのではないかと、留置管理部門では危惧していたが、文句ひとつ言われることもなく禁煙に移行できた。

喫煙できた時代の状況を説明する。

運動場に最初に入るのはタバコを吸えない未成年である。未成年が居室に戻ると、交代でタバコを吸わない成人、次にタバコを吸う成人という順番になる。タバコに関しては、かなり早い時期から分煙は浸透していたので、タバコを吸わない成人は運動場に先に出されて、汚れていない空気を吸うことができた。タバコを吸わない人は、運動場に居られる制限時間（20分）が来る前に運動を切り上げて、居室に戻ることが多い。いくら外気に触れられるといっても、周りは壁に囲まれ、床も壁もコンクリートの打ちっ放しでは坐ることもできないからそれほど長くはここには居たいとは思わないようだ。

喫煙が始まると運動場内は様相が大幅に変わってしまう。さながら、人間の燻製を作る工場のようだ。被留置者1人あたり吸えるタバコこの数は2本なので、喫煙者が10人なら時間差はあるが、20本のタバコが四方を壁で囲まれ天井も半分しか開放されていない場所で吸われる。空気の流れが極めて悪いので、運動場内は煙が充満してしまう。留置施設とつながる出入り口の扉を開けば空気の流れはできるが、運動場の煙が留置施設内に入り込んでしまう。留置施設は窓が開けられないので、煙はいつまでも施設内によどむことになってしまう。それは、タバコを吸わない者はもちろん、喫煙者も困るので、運動場の扉は人間が出入りするときにしか開かない。

この「燻製工場」には被留置者だけでなく、留置担当官も入り、監視しながら煙草を被留置者に渡し、ライターで火をつける。留置担当官にとっては、辛い業務になる。なるべく煙を吸わないようにマスクは着けてはいるが、1時間以上も煙がよどんでいる環境が悪い場所に立ち続けなければならない。

煙に包まれるという身体的な悪条件に加え、精神的な悪条件もある。運動場では被留置者に手錠などの拘束具が施されず自由に動き回り会話もできる状態なので、何かのきっかけで被留置者どうしでトラブルが生まれるおそれを常にはらんでいる。そのきっかけになるようなことが起きていないか、細かく被留置者の動きを見、会話に耳をそばだてて、トラブルになる前にその芽を摘まなければならない。監視している留置担当官はのんびり立っているだけで、時々被留置者のタバコに火をつければ役割を果たしているように見えても、その実はピリピリしながら責務を果たしているのである。

㈢ タバコの準備

1日に吸えるタバコの数は1人あたり2本までなので、運動場にはあらかじめたばこの箱から取り出して、留置担当官が持ち込んでいる。この、取り出し作業は被留置者が就寝後に、留置施設の外にある留置管理課事務室で行われる。作業と言っても、難しいことではなく体力的な負担も極めて軽い。しかし、精神的な疲労が蓄積しやすい作業となる。

その作業の手順を説明すると

①留置管理課事務室内のロッカーの錠を開け、被留置者から預かっているタバコの箱を取り出す。

②タバコの箱から、翌日に吸わせるタバコを取り出す。

③取り出したタバコを、ネームボックス（印鑑を並べて保管

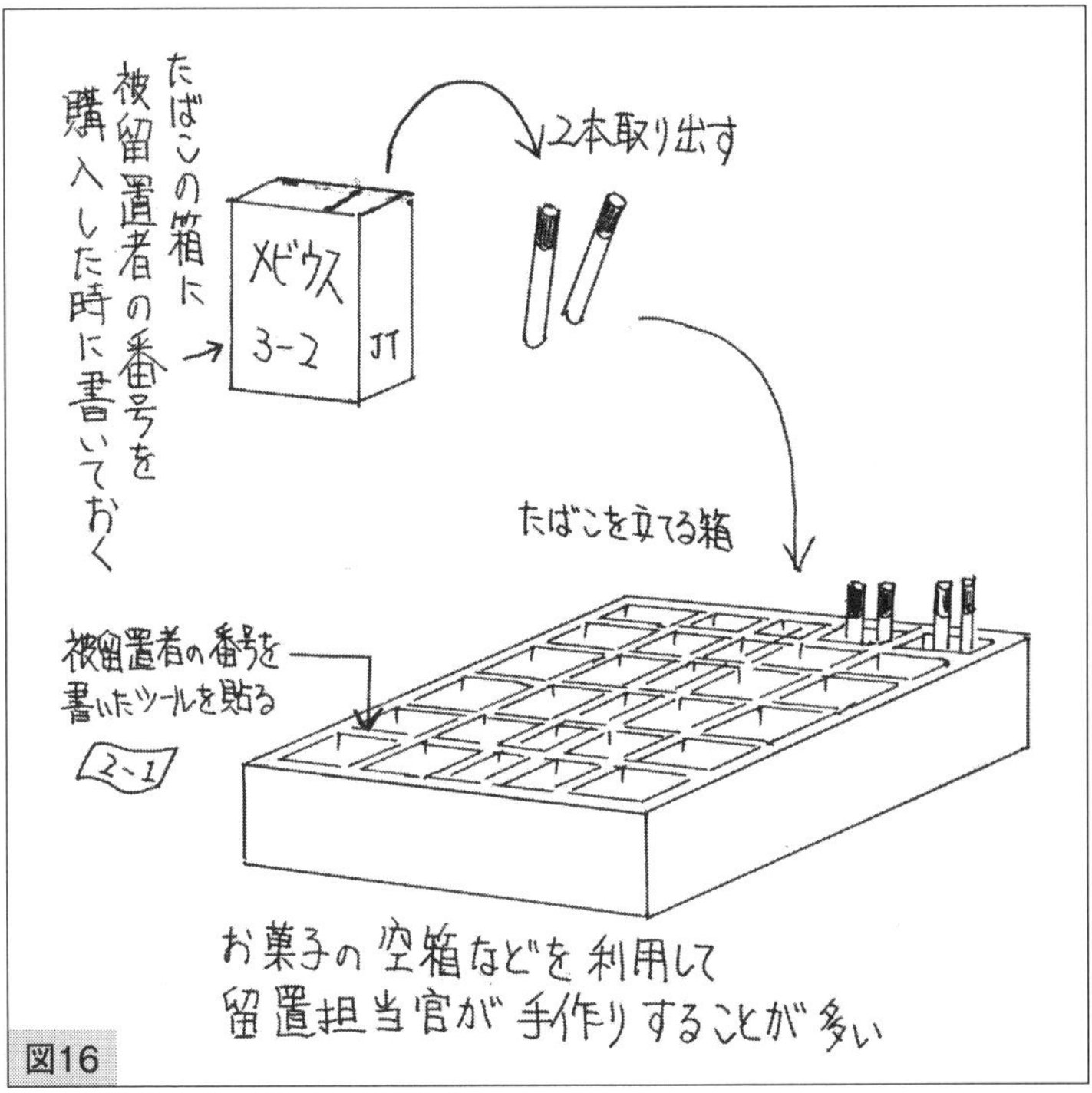
たばこの箱に
被留置者の番号を
購入した時に書いておく
メビウス
3-2
JT
2本取り出す
たばこを立てる箱
被留置者の番号を
書いたシールを貼る
2-1
お菓子の空箱などを利用して
留置担当官が手作りすることが多い

図16

する箱）のように細長い物体を1本ずつ立てられる箱に立てていく。

となる。図16

子供でもできるレベルの作業であるが、単純な繰り返し作業というのは達成感に乏しく、絶対に間違えられないというプレッシャーもあるので精神的に疲労する。

絶対に間違えられない、というのは被留置者AのタバコをBに吸わせてしまった場合の事後処理が面倒であり、他の留置担当官にも迷惑をかけてしまうからだ。被留置者によっては1本目をキャ○○、2本目をメビ○○と銘柄の違うタバコを吸うので、このような者が複数いると留置担当官の負担は更に重くなる。

六 身体検査室

㈠ 広さ、設置目的

4畳半から6畳くらいの広さで、大扉から近い場所にある。部屋の壁には留置施設内のルールや説明事項が印刷されたプレート（プラスチック板）などが貼られ、洗面台もある。室内には事務机（引き出しはない）が1台、パイプ椅子が3から4脚、診察台が1台置かれている。この部屋に大人が3から4人入ると狭く感じるが、被留置者を自由に行動させないようにして、しっかり監視下に置きながら作業を進めるにはちょうど良い広さだ。

身体検査室という名称のとおり、被留置者の体を検査する部屋である。それ以外にも被留置者の健康診断（このため診察台が置かれている）、差し入れ品の検査、留置施設から別の施設（主に拘置所）に移る又は釈放される場合に被留置者へ所持品を返却する際の、その確認点検などの作業でも使われる。

(二) 身体検査

逮捕された被疑者は第1回目の取り調べを受けた後に留置施設へ収容されるが、大扉を通るとまずは、身体検査室に入れられる。このため、大扉の近くに身体検査室が設置されている。

大扉を通って留置施設に入ったら被疑者には、被留置者という呼び方が追加される。そして、頭の先から足の先まで体の状態を調べられ、健康状態に関する質問を受け、所持品の検査を受ける。

ア 体の状態

多くの場合、検査は頭から始まり足先で終わる。体の検査を始める前には「刑事さんの取り調べを受けたときに出し忘れた所持品はありませんか。」と留置担当官は質問する。その真意は、「隠している物があれば、さっさと出せ。」ということなのだが、そう言ってしまっては身も蓋もないので、出し忘れた物がないか、と尋ねている。そのうえで、髪の中を留置担当官が指でまさぐり、口の中や耳の穴にライトを当て、隠してある物がないかを確かめる。手足の指の欠損や体の傷（手術痕を含む）、彫物があればその場所と文様・絵柄も点検され記録される。図17

髪の中は櫛やヘアブラシを使って調べることもある。指の感覚で隠してある物（隠匿物いんとくぶつ）を発見するだけでなく、より細かく確認す

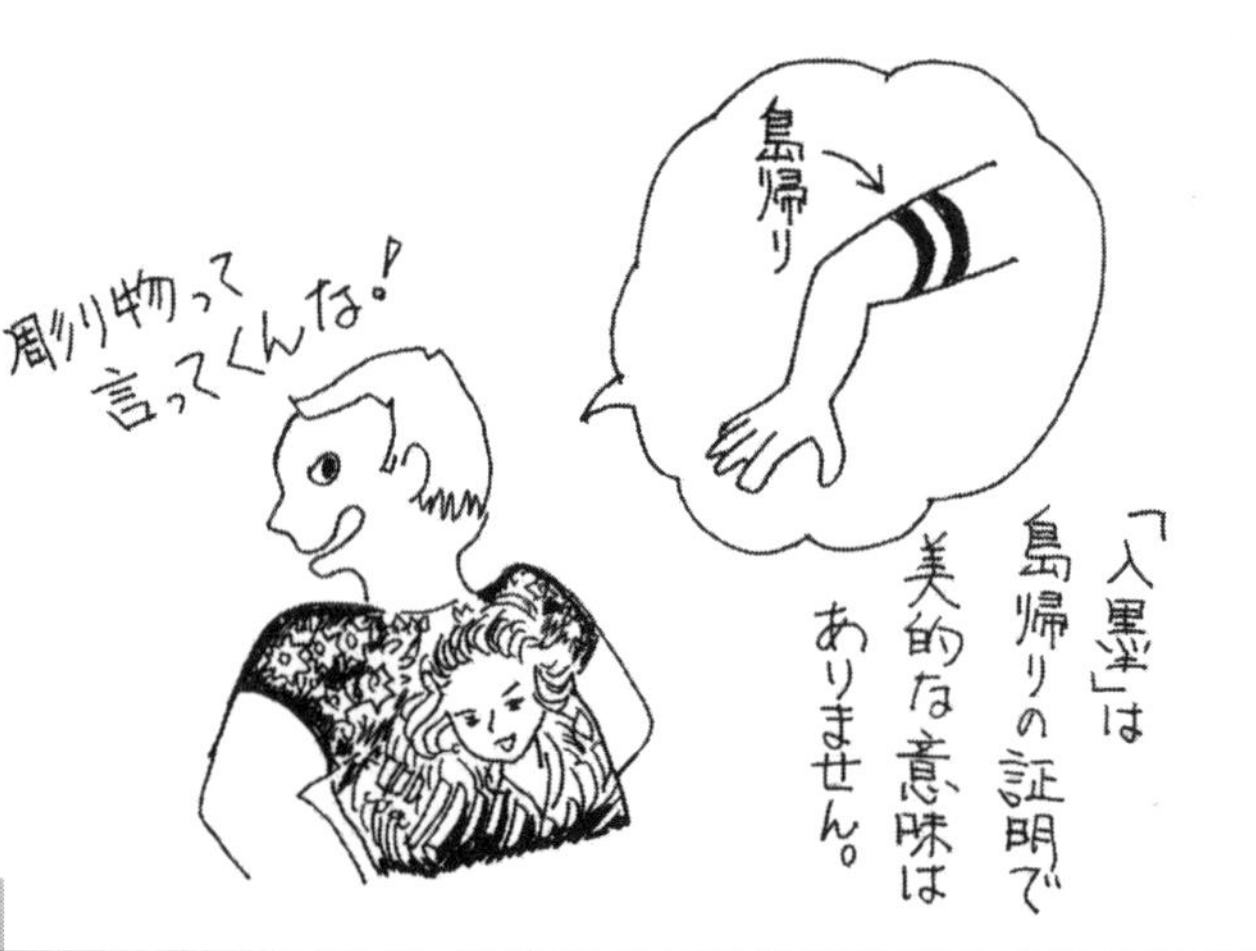
「入墨」は島帰りの証明で美的な意味はありません。
島帰り
彫り物って言ってくんな！

図17

るためには櫛やヘアブラシは有効な手段となる。口の中は、目で見るだけでなくうがいをさせる。このため、身体検査室には洗面台が必要になる。体全体を見るのだから、下着の他は脱がされ、脱いだ服も点検を受ける。初めに金属探知機が当てられ、ポケットは引き出され、裏表もひっくり返されて隠匿物の点検が行われる。点検では衣服の破れやほつれも確認の対象となり、破れ・ほつれがあると留置施設内では使用（着用）できないから領置（留置担当で預かってしまうこと）される。

イ 健康状態

被留置者は体の検査を受け終わり、点検済みとなった衣服を着ると、ようやくパイプ椅子に坐ることができる。留置担当官も事務机を挟んで坐り、持病や服用中の薬品に関する質問を始める。ここで被留置者がしっかり答えないと、健康維持や病気治療のための薬品を警察で準備できなくなる。警察で準備できなくても、被留置者自身やその家族が準備すればいいじゃないか、ということにはならない。被留置者が日常的に服用している薬品を持っていた場合でもその薬品を、留置施設では飲ませることはない。薬だけでなく、被留置者が持っていた食品・飲料は全て領置される。腐敗しやすい物は廃棄させる。被留置者が持っている薬品・食品・飲料に毒劇物が混入しているおそれがある以上は、このような処置もやむを得ない。

被留置者が口にできるのは、逮捕後に警察が医師から処方箋を発行してもらい、それに基づいて入手した薬品だけである。

ウ 所持品検査

被留置者が着ていた衣服は、身体検査に併せて検査するが、所持品は被留置者を椅子に坐らせてから検査を始める。検査をしながら「被留置者金品出納簿（新規留置）」を作ることになっていて、品名、数量、特徴が記載される。この記載事項は、本当に細かい。例えば、カード類はキャッシュカード・クレジットカード・メンバーズカード・ポイントカードなどに分類しそれぞれ名義、発行会社名、カード番号などを記載する。カバンの中からレシートや領収書がごっそり出てきても「レシート等　多数」という記載ではなく、レシートと領収書を分けて、枚数をしっかり数えて記載する。

所持品の検査と目録の作成を終えると、これらの所持品は留置施設では使えないので、現金以外はA4サイズくらいの封筒に入れ、糊で封をする。封をするので中に何が入っているか分かるようにするため、封筒には「在中品」の品名と数量を書くことになっている。所持品が多いと、封筒を5つも6つも作るようになる。封筒に入らないバックや傘などは荷札を付けておく。現金は、現金の目録を作り、子供用のこづかい帳のように支払いと入金を記載する。現金を入れた封筒は、お菓子などを自費購入するときに使うから糊で閉じずに、他の領置品とは区別して保管する。

身体検査や健康状態の聞き取りは、合わせて30分くらいで大抵は終了するが、所持品検査は多数あると延々と2時間以上かかることもある。留置担当官が一生懸命、所持品検査をしているときに、被留置者はうたた寝をしていることだって、ままある。

エ　留置施設で使えるもの使えないもの

所持品検査は、留置中に使えるものと使えないものを分別する作業でもある。使えないものは、領置されることとなり、その保管中に支障が生じないようにするための作業も併せて行われる。一例としては、携帯電話器から電池を抜くことである。携帯電話は既に説明したとおり留置施設内では使えない。従って携帯電話器は、領置されることとなる。ガラ携が主流だった平成20年代は、電池パックが簡単に取り出せたので電池を抜いて保管した。電話機の電源をオフにしても電池が入っていれば、それなりに消耗して充電切れになってしまうからである。

保存できない食品や飲料水は、被留置者の同意を取って廃棄する。

フードの付いた衣類は、留置施設では使えないので領置する。

袖口やウエスト部分にひもが入っているスポーツウエアは、ひもを抜くなら使えるが、抜き取りを拒んだらウエアそのものを領置する。

スラックスのベルトやネクタイも使用不可なので領置する。

衣類は、破れているもの・汚れや悪臭が著しい物は使用不可となる。下着を含めて衣類全てが使用不可となる場合もあるので、留置施設では貸し出し用の衣類を準備している。

フード付きの衣類が使用できない理由は、居室にいる被留置者の表情を留置担当官が確かめられなくなるからである。留置中に被留置者が自殺した事例は何件も発生している。それを防止することは、留置担当官の重要な任務である。自殺には前兆があり、表情に現れるから、顔が見えることは自殺防止をするにあたり大切な要素となる。フードを被られると留置担当官は被留置者の表情を確認することができなくなるので、フード付きの服は使用不可となっている。

「相棒　8」の第6話で、居室内で体育坐りをしている被留置者が頭からフードを被っているため、表情が見えないシーンがあった。現実にはあり得ないが、フード付きの服が留置施設内で着用禁止になっていることは、ほとんどの人が知らないのであるから、役者の表情を隠すような演出がされても何もおかしくはない。

「フード付きの服は着られない、と著者は言うが、テレビニュースで犯人がフードを頭から被って送検される映像を何度も見たことがある。著者はうそをついている。」と憤慨される読者もおられるでしょう。皆さんがニュースで見ている映像は、被留置者が護送用車両に乗せられる状況であり、手錠をかけられた被留置者は自分の顔を隠すこともできないまま、テレビを通じて全国の人に顔を晒すことになる。そこで、被留置者の「人権」を守るため警察で準備（公費で購入）したフード付きのチョッキ（ベスト）を着させているのである。ちなみに、チョッキ（ベスト）を着るか着ないかは、被留置者本人が決めることになっている。

ニュース番組で、フードを被っている被留置者の映像が放送されれば、それを見た人が、フード付きの服を留置施設内で着用できる、と思っていても仕方ないことである。

(三) 定期健康診断

ア 頻度や手順

半月に1度の頻度で被留置者の健康診断が行われる。日程を決める際の最重要要素は「健康診断を引き受けてくれた医師が来られる日なのか」という点で、警察側の都合や被留置者の都合はほとんど考慮されない。医師が休日を潰してまで留置施設に来ることはない。多くの場合は、その医師が勤務する医院・診療所の午前と午後の診療の間である2時間から3時間程度を健康診断に当てている。

医師の都合に合わせて健康診断日が「第1と第3水曜日」という具合に決まったら入浴日を健康診断と重ならないように日程調整することとなる。

健診日になると、自分で車を運転して警察署まで来てくれる医師もいるし、警察職員が公用車で送迎する医師もいる。健診開始の1時間前くらいから準備が始まり、被留置者には問診票が配られる。身体検査室内は机などの配置が変わる。通常は事務机が室内の中央部に置かれているが、部屋の奥の窓際に移動となる。椅子もパイプ椅子しか通常は室内に入れていないが、医師が坐るための椅子を監視台から持ってくる。椅子の「格」としては警察署内では最上級で、課長以上（階級でいうと警部以上）の者が使う椅子として配分されているひじ掛け付きである。図18

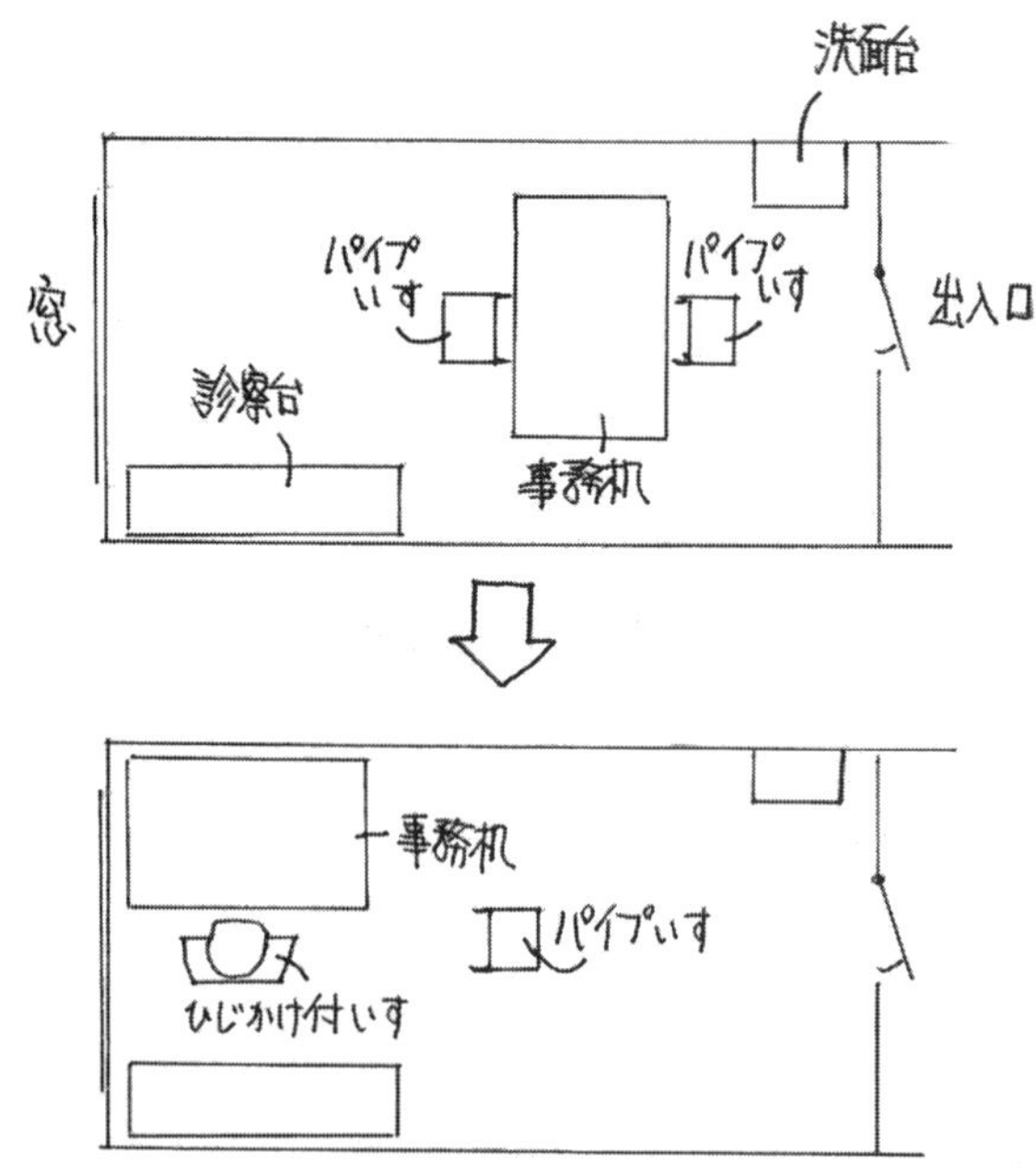

図18

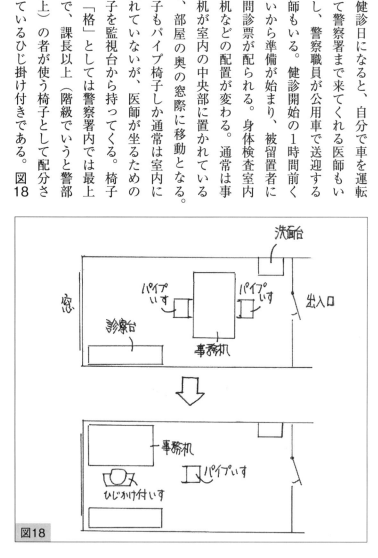

医師が自分で車を運転してくる場合も、公用車で送迎する場合も留置管理課長は警察署の玄関で医師を待ち受け、到着したらカバンや荷物を受け取り、留置施設まで先導する。何度も警察署に来ているのだから、医師は先導されなくても大扉まで簡単にいくことができるが、医師を敬う気持ちを表すため恒例として課長がカバン持ちとなって先導することになっている。

健診の順番は入浴と同じように居室ごとになっている。医師が検査室に入ると、最初の被留置者が居室から出され、監視台の近くに置かれたパイプ椅子（健診のときにしか置いていない）に坐り体温を測る。測り終わったら検査室に行き、問診・聴診・血圧測定を受ける。投薬が必要と医師が判断した場合は、全員の健診が終わり医師が医院に戻ってからの作業となる。最初の被留置者の健診が始まると、2番目の被留置者は居室から出され「臨時パイプ椅子」に坐り体温を測り、検査室が空くのを待つ。最初の被留置者が検査室から出てきても、すぐには呼び込まれない。1人目の被留置者について医師の指示を立ち合いの留置担当官がメモする時間が必要だからである。3人目以降も、この繰り返しで健診の内容は極めて簡単であり、検診台は置かれているが使われてはいない。

健診は1人あたり2から3分なのだが、トータルでは1時間近くかかってしまう。健診中は全ての留置担当官がかかりきりになるので、原則として被留置者を留置施設から出したり入れたりはしない。このため、捜査員は健診が終わるまでは取り調べができない。とはいえ、風呂の場合と同様、事前に調整しておけば、取り調べを必要とする被留置者を最初に健診させて、終了したら直ちに大扉前で待ち受けている捜査員に渡すことも十分に可能である。

イ 健診後の処置

健診の結果、投薬が必要であると診断されると、その日の夕方に健診を担当した医師の医院に留置管理課員が赴き、薬を受け取ってくる。その薬を管理して用法・用量どおりに被留置者に飲ませることも留置担当官の仕事である。薬は被留置者が就寝したのちに、留置施設から離れた留置管理課事務室で1日分を小分けにしてセットする。その手順を説明すると

①事務室内のロッカーの錠を開け、処方薬を入れた箱を取り出す。
②被留置者ごとに用法・用量の説明書を見ながらチャック付きパケ袋（10×8センチメートルくらい）に1回分ずつ分けて入れる。
錠剤はPTP包装シートを1回分ずつ切り離してパケ袋に入れるが、1回に飲む量が1錠1種類なら簡単だが、1回に頭痛薬は2錠・抗生物質は3錠というように複数の種類の薬を異なる用量で服用する場合は、パケ袋に小分けするときに時間を使い、精神的にも疲れる。
③薬を入れたパケ袋を服用時間帯別（朝食前・後、昼食前・後、夕食前・後、就寝前）に分け、

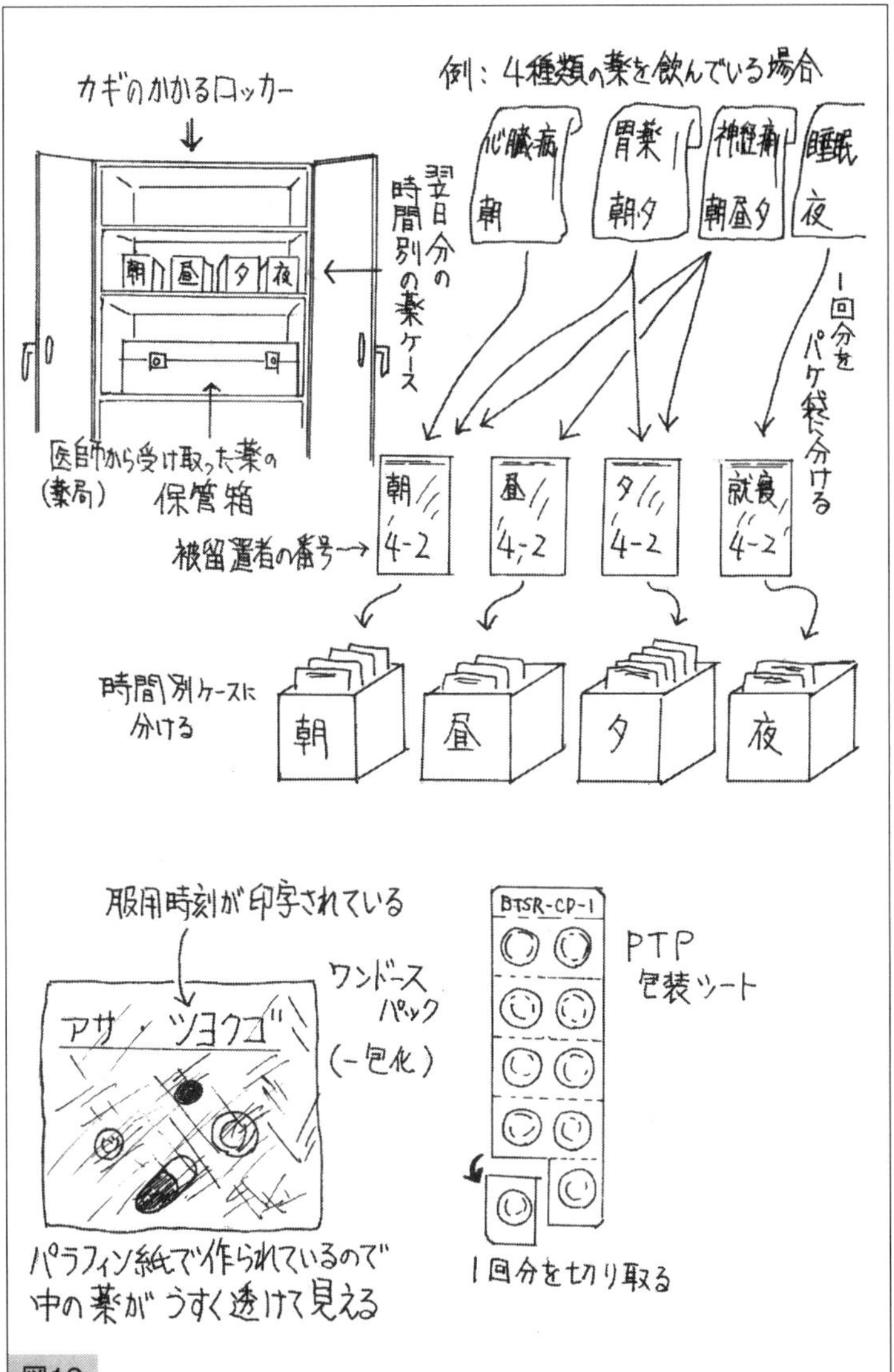
カギのかかるロッカー
翌日分の時間別の薬ケース
朝 昼 夕 夜
医師から受け取った薬の(薬局)保管箱
例：4種類の薬を飲んでいる場合
心臓病 朝
胃薬 朝夕
神経痛 朝昼夕
睡眠 夜
1回分をパケ袋に分ける
朝 4-2
昼 4-2
夕 4-2
就寝 4-2
被留置者の番号→
時間別ケースに分ける
朝
昼
夕
夜
服用時刻が印字されている
アサ ・ ショクゴ
ワンドースパック
(一包化)
パラフィン紙で作られているので
中の薬がうすく透けて見える
BTSR-CD-1
PTP
包装シート
1回分を切り取る

図19

それぞれを決められたケースに入れる。
となる。

薬の小分け作業の手間を解消するため、処方段階で医師に対してワンドーズパック（1回分の薬をまとめて1つの袋に入れて調剤すること。一包化（いっぽうか）と呼んでいた）するように頼むことがある。もともとは、高齢者などがPTP包装シートごと誤飲してしまう事故の防止策として、一般社会において導入されたのが、パラフィン紙の袋に錠剤をまとめるワンドーズパックの始まりである。決して留置担当官の業務負担を軽減させる目的で考案されたものではない。しかし、このように便利なものなので、警察本部の留置管理担当部署は一包化を推奨している。図19

ただし、一包化すると、薬品の料金に加えて調

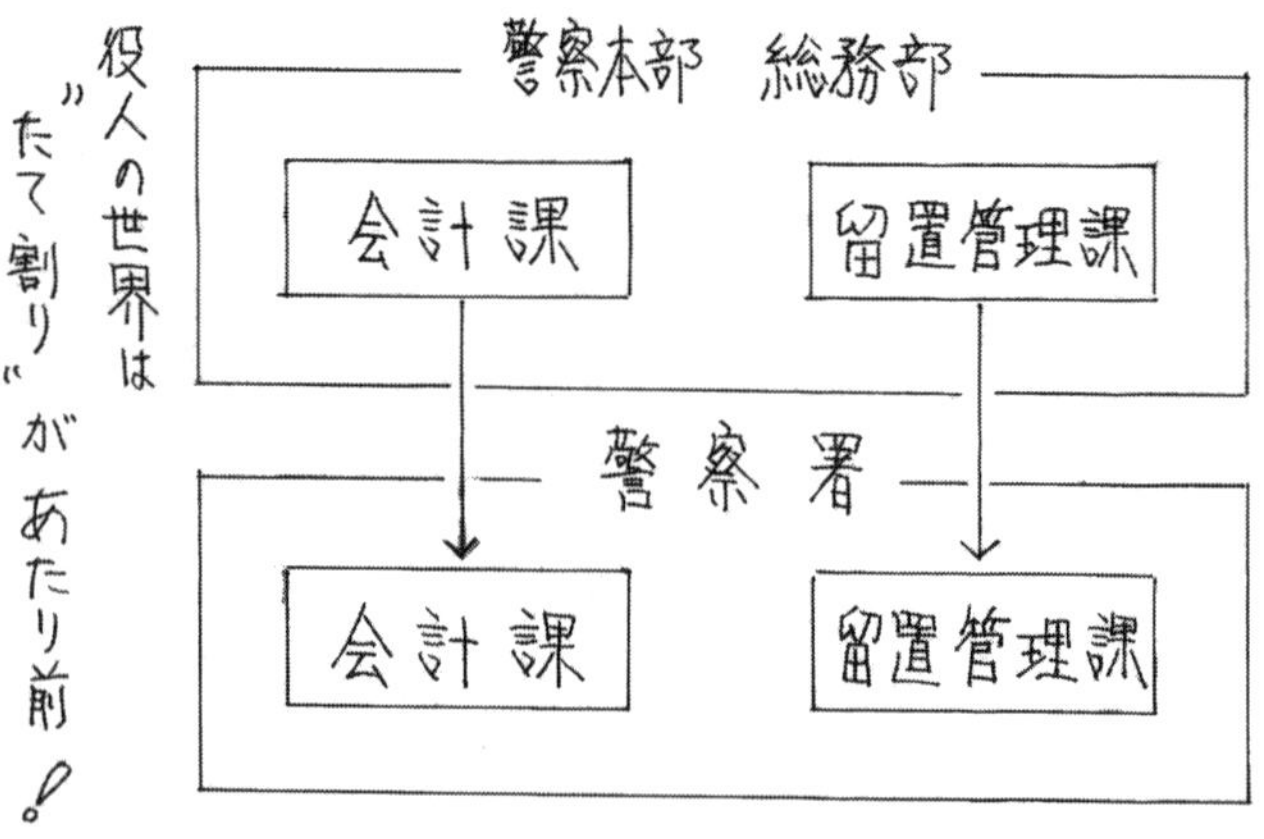

図20

剤の手数料が請求される。このため、経理担当の会計課が支出抑制の立場から一包化に対して待ったをかける。警察の組織図では留置担当部署と会計部署はどちらも総務部に属している。同じ総務部なのに一方は推奨し、他方は抑制をかける。現場はアクセルとブレーキを同時に踏まれて、困惑するしかない、という困った実態である。図20

処方薬を用法・用量どおりにするためパケ袋に小分けするのであるが、これを確実に服用させなければ留置担当官の職務は完了しない。このため、被留置者に薬を飲ませる手順も決められている。

①留置担当官が薬の種類と数を被留置者に確かめさせる。
②留置担当官の目の前で、薬を飲ませる。
③薬を飲み込んだら被留置者にうがい（口の中に水を含んでクチュクチュ）させてから、その水を飲み込ませる。
④すぐに口を大きく開けさせて、口の中に薬が残っていないか確かめる。このとき、舌と下顎の間に薬を隠していないか、舌を上顎に付けさせなければならない。

このように細かく服用をチェックするに至った理由は判然としないが「首にタオルを巻くの

はＮＧ」と同じように、どこかの誰かが薬に関する問題を起こしたからだろう。図21

㈣ 差し入れ品の検査など

被留置者に対して外部の人が金品を届けることを差し入れという。その逆に、被留置者が外部の人に金品を渡すことを宅下げ（たくさげ）という。差し入れについては、飲食物や薬剤などのように、体内に入るものの差し入れは絶対に不可である。配偶者が「好物を持ってきたので、渡してください。」と涙ながらに訴えても、認められることはない。持病のある被留置者に薬を差し入れようとしても認められない。

差し入れされる主なものは、現金・衣類・便箋等の手紙に関するもの・書籍である。

差し入れは、留置管理課事務室で受け付けて、

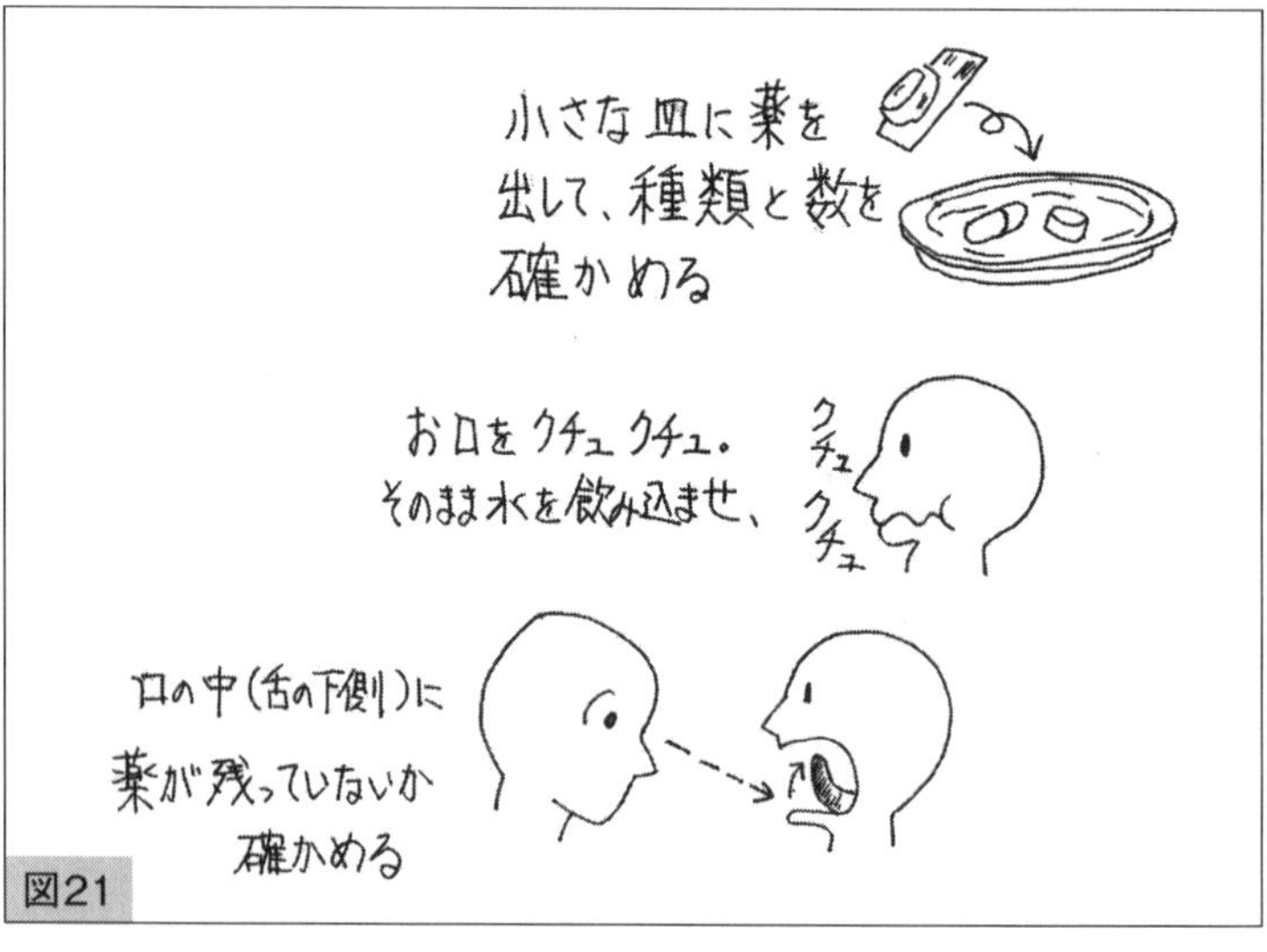

小さな皿に薬を出して、種類と数を確かめる
お口をクチュクチュ。そのまま水を飲み込ませ、
クチュクチュ
口の中（舌の下側）に薬が残っていないか確かめる

図21

点検することになる。点検の項目は多岐にわたり留置施設内に入れることが危険な物品はもとより、安全であっても留置施設内での生活に不必要とされた場合は、差し入れが認められない。現金の差し入れを例にすると、現金は被留置者が管理するのではなく、留置担当官が管理するから留置施設内の安全に影響を及ぼす恐れはない。しかし、多額の現金は留置施設での生活には必要ないので一定額以上の現金の差し入れは認められない。しかも、被留置者の所持額が一定額を超えている場合は、差し入れは認められない。簡単に言うなら、留置施設ではお金はかからないから、多額のお金の差し入れは必要ありません、ということである。

留置管理課での点検を受けた金品は、留置担当官に引き継がれ、改めて留置担当官が身体検査室で検査する。検査を通過した金品を被留置者に渡す場所も身体検査室となる。被留置者を身体検査室に入れ、金品の内容と数量を確かめさせたら、物品だけを渡す。被留置者は、渡された物品を個人ロッカーに入れ、現金は留置管理課において保管する。

宅下げはこの逆で、宅下げしたい物品を個人ロッカーから被留置者が取り出し、身体検査室で内容と数量を確認する。留置担当官はその物品を点検し、留置管理課事務室の係員に引き継ぐ。その物品を留置管理課事務室で再検査して、窓口で外部の人に渡される。

大まかな差し入れ、宅下げの手順はこの通りであるが、詳細で複雑な定めがあるので留置担当官等は点検業務を進める際は、各種の文書・マニュアル・検査ポイントの一覧表などをその都度見ながら間違えのないように行っている。

○現金について

現金があれば菓子やジュースが買えるし、警察庁舎内で喫煙できた時代にはタバコも買えた。食事も自費で注文することができる。差し入れでは飲食物はＮＧなのに自費購入ならＯＫとされている理由は

①業者が留置施設に納入するので、飲食物に毒物や劇物を混入される恐れがないため。

②業者が納入する飲食物は長期に常温保存できるものに限定されているためである。

ところで、警察が支給する食事を「官弁（かんべん）」と呼称し自費の食事を「自弁（じべん）」と呼ぶ。官弁は競争入札で年間契約するので1食当たりの値段は三百円前後である。これに対し、自弁は1食五百円とか千円で内容は豊富でボリュームもある。自弁を注文する人は、官弁だけでは満腹にならない「育ち盛りの若者」ではなく、そのほとんどは特定の業界においてそれなりの地位にある人、というケースが極めて多い。

○衣類について

衣類は留置当初に当面必要なシャツやズボンを家族が差し入れ、その後は季節の変わり目に「衣替え」をするのが一般的である。この他に風呂に関する説明の項で洗濯物について記載したが、業務用の大型洗濯機と乾燥機で洗われたくない被留置者は、衣類を家族に宅下げ、家族は、その衣類を洗濯して差し入れる。この宅下げ、差し入れのループは留置が終わるまで繰り返される。このような宅下げ・差し入れをする人はとても少ないが、特定の業界においてそれなりの地位にある人は、家族に洗濯してもらうケースが多い。

○便箋類等について

便箋類等とは、封筒や切手などを含み手紙を書くために必要な物品のことである。逮捕から間がない期間は取り調べが連日続き、手紙を書く時間的余裕は被留置者にはないが、取り調べの山場を越えると被留置者が居室にいる時間が長くなり、家族や友人に手紙を書くことが多くなる。弁護士が接見に来ない被留置者は弁護士に手紙を出すこともある。弁護士への手紙は留置担当官において検査できないので、内容を知ることはできないが、推察するに、弁護士に対して接見に来ないことに対する不安や不満を書いているのではないか。

○書籍について

書籍は漫画や小説の単行本が多く、その次が週刊誌である。週刊誌の場合は、付録（例えばDVD）の差し入れは不可なので、差し入れの受付時に本体から外して、差し入れ者に返す。週刊誌本体も、紙を束ねているホチキス針を留置管理課係員が千枚通しやドライバーなどを使って外し、ホチキス針を抜いた穴に紙のこより通して、結ぶ。このホチキス針を取り除いて紙のこよりで結び直す作業のことを「芯抜き」と呼称している。ホチキス針と言えども金属製である。金属製なので被留置者の手の届く範囲にそのような危険物を置いてはならないから、芯抜きが行われる。安全のために、手間暇を惜しまないのが、留置施設の決まりである。

七 接見室

(一) 広さ

テレビドラマや映画などでは、透明なアクリル板を挟んで登場人物が会話する「面会シーン」があるが、実際のものもほぼ同じである。違う点は、テレビや映画の接見室は実際の接見室より2倍の広さに見える点だ。刑務所や拘置所の接見室はもしかするとテレビドラマサイズかもしれないが、警察署の接見室は全体で4畳半程度である。被留置者が坐る側は、被留置者と立ち合いの留置担当官の合計2名が入れればよいのであり、面会に来た者が坐る側も3名が入れればよいので4畳半程度ということになる。一般的に面会者は3名までという制限がされているので、テレビドラマのように5人も6人も入れる広さは必要ないのである。

図22

　面会者側の出入り口ドアはセンサーが設置されていて、ドアが開くと留置管理課事務室と留置施設の監視台のアラームが作動する。ドアが開いたということは、面会終了を意味するので、留置管理課事務室の職員は面会を終えた者との対応や面会順番ちをしていた者を案内する合図となる。留置施設の側でも被

図22

留置者を居室に戻すため、監視台から接見室に行き自動ロックされている出入り口ドアを開ける合図となる。接見に立ち会っていた留置担当官は出入り口ドアの鍵を持っていないので、開けてもらうまでは被留置者と2人きりで狭い場所に待っていなければならない。非効率ではあるが、被留置者にドアの鍵を奪われる事態を防止するために効率を犠牲にしているのである。

(二) 弁護人接見

ア 弁護人に関する制度

これまで、面会という表現を使ってきたが、法令には接見と記載されているので、ここからは接見という用語を使うことにする。接見は「弁護人又は弁護人になろうとする者（多くの場合、弁護士の資格を持っている）」による接見とそれ以外の者との接見に分けられる。

弁護人イコール弁護士ではない。弁護士は資格の名称である。弁護人とは、被留置者から「私の弁護をしてください。」と依頼され、その依頼を「分かりました。弁護します。」と引き受けた（受託した）者のことである。この依頼・受託の関係を弁護人選任届という文書にして警察に提出した時点でようやく弁護人という立場になる。選任されるまでは「弁護人になろうとする者」であるが、接見に関する権限は選任された「弁護人」と同じであり、被疑者の防禦権の行使を全うするため、制限はほとんどない。

○弁護人（士）を呼ぶには

映画やテレビドラマでの逮捕シーンや取り調べのシーンで犯人役の役者さんが「弁護士を呼べ。」と叫ぶことがあるが、警察に対する要求項目が不足している。弁護士を呼んでもらいたいなら、弁護士の名前とか弁護士事務所を指定しなければならない。弁護士の名前なんて知りません、という場合は「当番弁護士制度」という制度を使うことがある。これは都道府県の弁護士会が運用していて、１回だけであるが無料で弁護士を派遣してくれる。ただし、派遣を要請しても弁護士が接見に来てくれるのがいつになるかは分からない。大抵は要請から半日以内には来ているようだ。

○逮捕に関する勘違い

実際の逮捕現場で被疑者が叫ぶ言葉として「権利を読んでないぞ。」というのが昭和の終わりころまではあったという。アメリカのテレビドラマ「刑事コ

吹き替えした森山周一郎さんの声がとても渋い！
権利読んでやれ。
図23

ジャック」では、逮捕直後のシーンでコジャック警部補が部下に対して「権利読んでやれ。」と命令するのがお決まりだった。それを見ていた日本人が日本でも同じだと思い込んでしまい、現実の逮捕の現場で「警察官は権利を読んでいない。不当逮捕だ。」と真剣に抗議したというのである。テレビの影響力が大きいことを示すエピソードである。図23

弁護人を依頼すれば当然のごとく費用がかかるため、資産の少ない人については、国で弁護費用を支払う国選弁護人制度がある。平成25年ころまでは、法定刑が軽い犯罪については、この制度が適用されなかった。例えば、暴行（懲役2年以下）や公務執行妨害（懲役3年以下）などは「軽い犯罪」として扱われる。警察官の胸ぐらをつかんでも、怪我をさせなければ軽い犯罪なので、国選弁護人制度は逮捕されても適用されず、起訴されたらようやく適用されるようになる。

窃盗は盗んだ金額が小さくても法定刑は十年以下なので逮捕された時点で国選弁護人制度が適用される。極端な例だが、百円のお菓子を万引きした者の方が、警察官の胸ぐらをつかんだ者よりも重い罪として扱われることになる。現場の警察官としては、釈然としない気持ちがあるが、制度の線引きというのは、こんなものなのである。

国選（公費で弁護費用を支払う）弁護人でも私選（被留置者が自費で弁護費用を支払う）弁護人でも、弁護人としての権限は同じである。国が費用を出しているから警察側に立った弁護活動をするということもない。逆に、被留置者が費用を出しているからと言って弁護人としてやってはいけないことや弁護士としての資格を逸脱するような行為は、スポンサーである被留置者が指示しても実行してはもらえない。私選弁護人との接見を終えて居室に戻ってきた被留置者が「あの弁護士はだめだ。雇い主の言うことを聞かない。」と憤慨していることがあるが、違法な活動をやってくれるような弁護士はどこにもいないので、諦めるしかない。

イ 接見の時間

弁護人の接見を検察官が制限する制度はあるが、実際に適用されることはごくわずかで、接見はいつでも、何時間でもできる。真夜中の午前1時でもOKだし、休日（警察の行政事務が休みになる土曜・日曜・祝日など）でもOKである。捜査員が取り調べ中に弁護人の接見申し込みがあれば、捜査責任者はほとんどの場合、取り調べを中断して弁護人に接見させている。

弁護人が接見を待たされるのは、被留置者が風呂に入っていたり健康診断を受けているときだ。他の被留置者が接見しているときも、警察署の留置施設には接見室が1ヶ所しかないため、順番待ちをしなければならない。待ち時間が長くなると、待っている弁護人が接見室のドアを叩いて、接見中の弁護人に対して早めに接見を終えるよう催促することもある。警察から弁護人に接見を早く終了するように申し入れることは、被留置者の防御権に対する侵害になってし

既に1時間近く弁護活動の方針について打ち合わせている
弁護人
早く終わらないかなァと思って見ている
弁護人
この弁護士も1時間くらい接見するのかなァと思って不安になっている
一般
ドアをノックするのは弁護人だけだから、ノックされた方もその意図をすぐに理解する。
!
OK
自分も1時間くらいかかるから、と言って順番を一般接見者に譲ってくれる弁護人もいる。

図24

まうが、弁護人からの申し入れは公権力が関与しないので、弁護活動の緊急性や事件の重要性などを考慮して、互いに調整しているようだ。図24

深夜の接見申し入れに対し、寝ていた被留置者が「こんな夜中に難しい話なんてできるか。」と接見を断ることもある。せっかく時間を作って訪れた弁護人は、まさか拒まれるとは思っていないから、かなり腹を立てるが、怒りの相手先は頑丈な鉄格子に囲まれた中にいるのだから手の出しようがない。しぶしぶ帰るしかないのである。

㈢　一般接見

ア　接見に係る制限

被留置者が家族・友人・知人などと会う場合は、弁護人とは違い、防禦権にはかかわらないので、数々の制限がある。

①警察行政事務の開庁日（平日）の午前9時から午後4時まで
②1人の被留置者について、接見できる回数は1日に1回
③接見の時間は15分間
④接見室に入れる面会者の人数は3人以内

⑤接見には留置担当官が立ち合い、証拠隠滅や共犯者の逃亡などにつながるような内容の会話がされた際は接見が打ち切られる

などが主な制限である。

「土曜日・日曜日しか接見に来られる時間が作れない。」「時間を作って接見に来たら、すでに他の友達が接見をしていたので、今日はもう接見できないと言われた。」「たった、15分で何が話せるのか。子供のこと、お金のこと、仕事のことなど話すことは山ほどあるのに。」「4人で会いに来た。1人だけ会えないなんて不人情だ。」というような声は数多くある。その気持ちは、留置担当官だって分かっている。しかし、どこかで線引きをしないといけないので、留置管理課の受付係も留置担当者も自分の感情を押し殺して、このような制限を厳格に守っている。

なお、⑤に関して文句を言う人は、いなかった。というよりも、警察官の前で証拠隠滅や仲間の逃走に関する相談をすることはあり得ないのだから、当然である。

イ 留置連絡

逮捕された者を留置施設に収容する際の身体検査では、被留置者に対して「あなたが逮捕されて留置されていることを、私たちから家族などに連絡ができます。どなたに連絡すればいい

ですか。」と尋ねることになっている。これを留置連絡と呼称しており、連絡しておかないと、被留置者の家族などから「うちの○○が帰ってこない。行方不明になった。」と警察に届けてくる可能性があるので大切な手続きである。ただし、連絡できる相手はひとりだけと決まっているので、多くの場合は親や配偶者に連絡する。連絡内容は「△△さんは□□警察署の留置施設に収容されています。」という紋切型になる。事件の内容や被留置者の様子などは一切告げてはならないという決まりであり『神隠し』になっているわけではないことを、家族の誰かに知らせてしまえばそれでよいことになっている。

ただし、委託留置の場合は、捜査を担当している警察署名も告げることになっている。委託留置というのは、事件捜査を担当している警察署の留置施設に被疑者を収容できない場合に、周辺にある警察署の留置施設に収容することである。事件捜査をしている警察署の委託を受けて、被疑者を収容するので「委託留置」と呼称している。

委託する理由は、主に3つある。

①共犯者がいる場合

留置中に共犯者と話ができる状況を絶対に生じさせないために、収容する警察署を分けることとされている。

例えば、3人組の泥棒が逮捕された場合、被疑者Aは甲警察署・被疑者Bは乙警察署・被疑者Cは丙警察署に収容される。

②被疑者が女性の場合

女性被疑者は、女性を収容できる留置施設に収容することになっている。入浴に関する項目でも記載したが、被留置者は男女混合で収容されることはない。男性用の留置施設しか設置されていない警察署で女性を逮捕した場合は、女性用の留置施設がある警察署に委託することとなる。

③収容可能人数を超えてしまう場合

どこの留置施設でも定員が決まっている。定員をオーバーすると管理や監視が不十分になり事故の要因になるので、定員に達していない警察署に委託する。

被疑者の委託に関しては、いろいろと問題がある。委託してしまうと、その後の取り調べや被留置者の護送などに関する手続きが面倒になるだけでなく、委託先まで捜査員が出向いて取り調べをするので時間的なロスも生じる。捜査員は、被疑者の委託留置を喜ばしいとは思っていない。

委託を受ける側の留置担当官も、新規留置に伴う業務、特に身体検査は神経も時間も使うので、受け入れたくないと思っている。委託を受け入れることで定員に達してしまうような場合は、委託を断るケースも少なくない。

留置連絡という業務は、嫌な仕事である。警察を名乗る者から何の前触れもなく電話がかかり「おたくの○○さんは逮捕され、□□警察署に留置されました。」と言われたら、きっと驚き、うろたえ、そして悲しむだろう。もしかして、オレオレ詐欺の電話と疑われるかもしれない、という思いを持って留置担当官は留置連絡をするのだから気持ちは滅入る。

そして案の定、電話の相手は驚き・うろたえるが慰めの言葉をかけることもできない。なぜ捕まったのか、本人は大丈夫か、と尋ねられても答えることはできない。捜査を担当しない留置担当官は事件の内容を話してはならないし、被留置者の状態も本人の家族であろうと部外に伝えてはならないことになっている。被留置者の家族の動揺が大きければ、その大きさに比例して留置担当官の気持ちの滅入りも深くなる。

留置委託の場合は更に面倒だ。一般的には、Aという警察署で捕まったのならA署に留置されると多くの人は思うだろう。ところが、「おたくの○○さんは逮捕され□□署に留置されました。事件担当は△△署なので、捜査に関して尋ねる場合は△△署に問い合わせてください。面会や差し入れする場合は□□署に来てください。」と告げられるのだから、ますますオレオレ詐欺の電話ではないかと疑われてしまう確率が高くなる。その疑いを晴らしつつ、家族の悲しみには気付かないふりをして、極めて事務的に必要最小限の内容を話して電話を切る。警察官として与えられた任務（業務）のひとつを誤りなく完了したというのに、達成感を味わうこともなくしばらくブルーな気持ちを引きずることとなる。

一方、捜査員たちも被疑者逮捕の達成感や充実感に浸る時間もないまま逮捕手続書をはじめとする捜査書類の作成、証拠品の整理・保管・データ入力などに追われる。とにかく逮捕時に捜査員が作成する書類は膨大で、机の上で作業ができるとはいえ修羅場である。

逮捕現場から帰ってきた刑事たちが書類のひとつも作ることなく、ジーパンをはいた刑事や三つ揃いのスーツが似合う刑事が冗談を言い、課長からツッコミを入れられて全員が爆笑してメデタシメデタシなんていうことはない。現実の捜査員た

犯人を逮捕すれば
タバコを吸ってジョークを
言えば、捜査終了!!
ゆうさくさん
ゆうじろうさん
あきらさん

図25

ちは、眠い目をこすりながら、朝までには仕上げなければならない書類と格闘している。図25

ウ 問い合わせへの対応

個人情報の保護・流出防止は重要なことであり、特に、警察に捕まった、という類の情報は極めて秘匿性の高いものである。誰もが自分が警察に捕まっていることを他人に知られたくない。そのため「○○さんという人が捕まっていますか。私は友人で、心配して探しているのです。」という趣旨の問い合わせがあっても回答しないことになっている。本当の友人が心の底から心配しての問い合わせかもしれないが、被留置者の側に立てば、親しい友人であればなおさら自分が逮捕されていることを知られたくない、ということがある。もしかしたら、まだ捕まっていない共犯者が捜査状況に探りを入れるため友人のふりをして電話をかけてきた可能性だってある。このようなことから「お答えできません。」と応じることとなっている。

問い合わせには、その被留置者が留置されていることを知っている人から「面会に行きたいが、○月○日△時ころには会えますか。」という趣旨のものもある。この場合も「分かりません。」と答えることになっていて、接見の予約はできないのである。その理由は捜査の都合や被留置者の体調によっては、予約の日時に警察署の外へ出てしまう可能性があるからだ。取り調べや引き当たり（被疑者を犯罪現場等に連れ出して説明を求めたり、検証の立ち合いをさせること）がいつ行われるかは、捜査の進展によってどうなるか分からないし、被留置者が急に体調を崩したりすれば医者に連れて行くので、接見はできなくなる。接見室は1つしかないので、他の被留置者との接見に使われていることも考えられる。一般の接見なら少し待てば接見室は空くが弁護人の接見だといつ終わるか分からない。

以上のような理由で接見の予約はもちろん「その日のその時間に行けば、接見ができる。」という印象を与えてしまう可能性のある言葉はＮＧとされている。弁護人の接見についても予約には応じていないし、被留置者の予定についても問い合わせには答えていない。だから、弁護人が接見に来ても被留置者が不在で「空振り」に終わることもある。弁護人はしぶしぶ帰ること

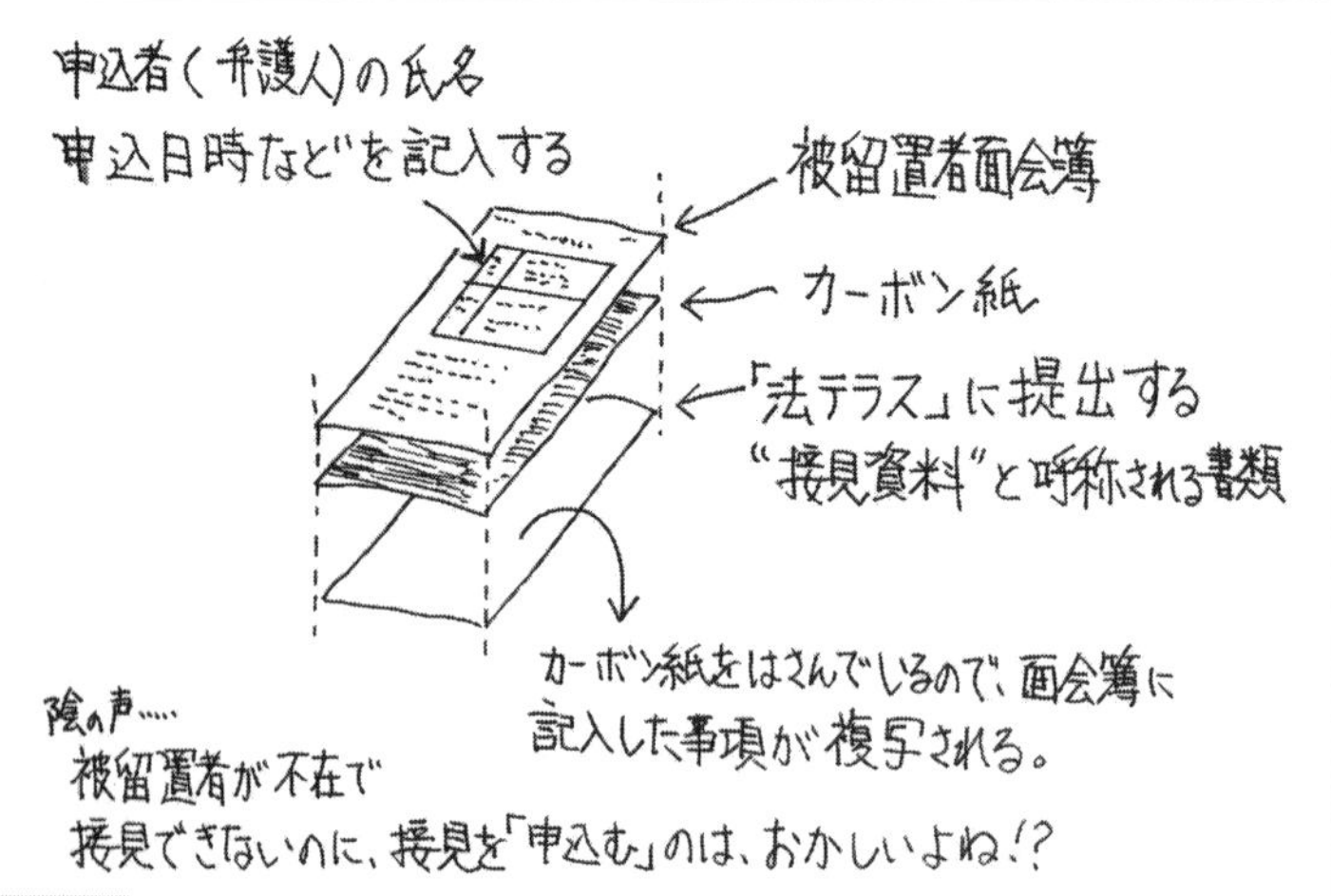

申込者（弁護人）の氏名
申込日時などを記入する
被留置者面会簿
カーボン紙
「法テラス」に提出する
"接見資料"と呼称される書類
カーボン紙をはさんでいるので、面会簿に
記入した事項が複写される。
陰の声……
被留置者が不在で
接見できないのに、接見を「申込む」のは、おかしいよね!?

図26

になるが、国選弁護人の中には、法テラス（日本司法支援センターの略称）に提出する書類を留置管理課に求めてくる人もいる。この書類は国選弁護人が被留置者と接見したことを示す書類であり、留置管理課の接見受付窓口に置かれている。留置施設に来たことを証明するために必要だ、と弁護人は言うが被留置者とは接見していないのに法テラスの書類を持ち帰って何に使っているのだろうか。ちなみに、接見できたか空振りだったかを見分けられるような記載事項は、この書類にはない。図26

(四) 接見禁止

弁護人以外の者との接見や文書のやり取りを検察官は禁止することができる。共犯者がいる事件などは、ほぼ間違いなく接見禁止が付けられる。留置担当官としては、接見ができてもできなくても文書以外の物品の差し入れ・宅下げは認められているから、物品の検査に関する作業量はほとんど減らない。文書として扱われる被留置者あての手紙も、到達したら内容の検閲は速やかに行われるので、接見禁止が付いていても作業量は同じである。接見禁止の有無で違いが出るのは、被留置者に手紙を渡す時期で、禁止されていなければ検閲後に手紙は直ちに被留置者に渡される。禁止されていれば、保管ケースに入れられ、禁止が解除されたら直ちに被留置者に渡すことになる。

留置管理課員が接見禁止に関して嫌がるのは、接見禁止期間中に公職選挙が行われることだ。被留置者に選挙権がある場合は、郵便投票することが多くなるが、選挙公報も投票用紙も「文書」に該当するので、このような文書のやり取りについては接見禁止の一部解除をする必要がある。検察官に対し、その解除の申請をするのが留置担当官である。

この申請がかなり面倒で、詳しい手順は省略するが、憲法で保障された投票権を行使するための「選挙公報・投票用紙」なのだから、接見禁止の除外事項としてあらかじめ明記しておくべきではないか。そうすれば、捜査に関係ない立場にある留置担当官が一部解除申請をする必要がなくなる。「そもそも捜査上の必要で接見を禁止しているのだから、除外申請に関しても捜査員が作るべきではないか。」という考えが留置担当官の頭の中に渦巻いて、解除申請の書類作成は、達成感も自己

図27

肯定感も全く感じられない中で進められていく。図27

八 布団庫

被留置者には、掛布団・毛布・敷布団・枕が貸与される。起床後から就寝準備までの間は、居室に布団を置いたままにできないので、毛布以外は布団庫に運び込む。布団庫内は、スチール棚が置かれているか作り付けの棚が並んでいる。どちらの棚にも扉はなく、庫内の通気性を保っている。とにかく布団にカビが生えないように一日中換気扇を回したり、乾燥機（家庭用）を動かしている点が布団庫の特徴である。

布団を運ぶのは被留置者自身であるが、体力が落ちていて布団を持ち上げられない場合は、同室者が運んでくれることが多い。

布団・毛布・枕には全て袋状のカバーが掛けられている。袋状になっていないと、簡単に布団から剥がされて、ひも状にできるから留置施設での使用に適さない。

新しく収容されてきた者にはクリーニングして糊が利いているカバーの4点セットが渡される。逮捕されたばかりで気落ちしている者でもカバーを広げて布団などをカバーの中に押し込まなければならない。この時に、同室者が手伝っていることがあるが、同室者どうしで良好な人間関係ができるきっかけとなるので、留置担当官としては留置施設内の平穏を保つためにも良いことだと思っている。図28

布団は、業者さんによる乾燥が3か月に1度くらいのペースで行われる。業者さんは、荷台に乾燥機を取り付けてある普通トラックで警察署に来て、半日で20から30組の布団を乾燥機にかけてくれる。布団乾燥の日は、留置担当官が布団を大扉の外に出して、廊下などにあらかじめ敷いてあるブルーシートの上に布団を重ねておく。業者さんは、廊下に積んである布団を手際よく乾燥機に掛ける。留置

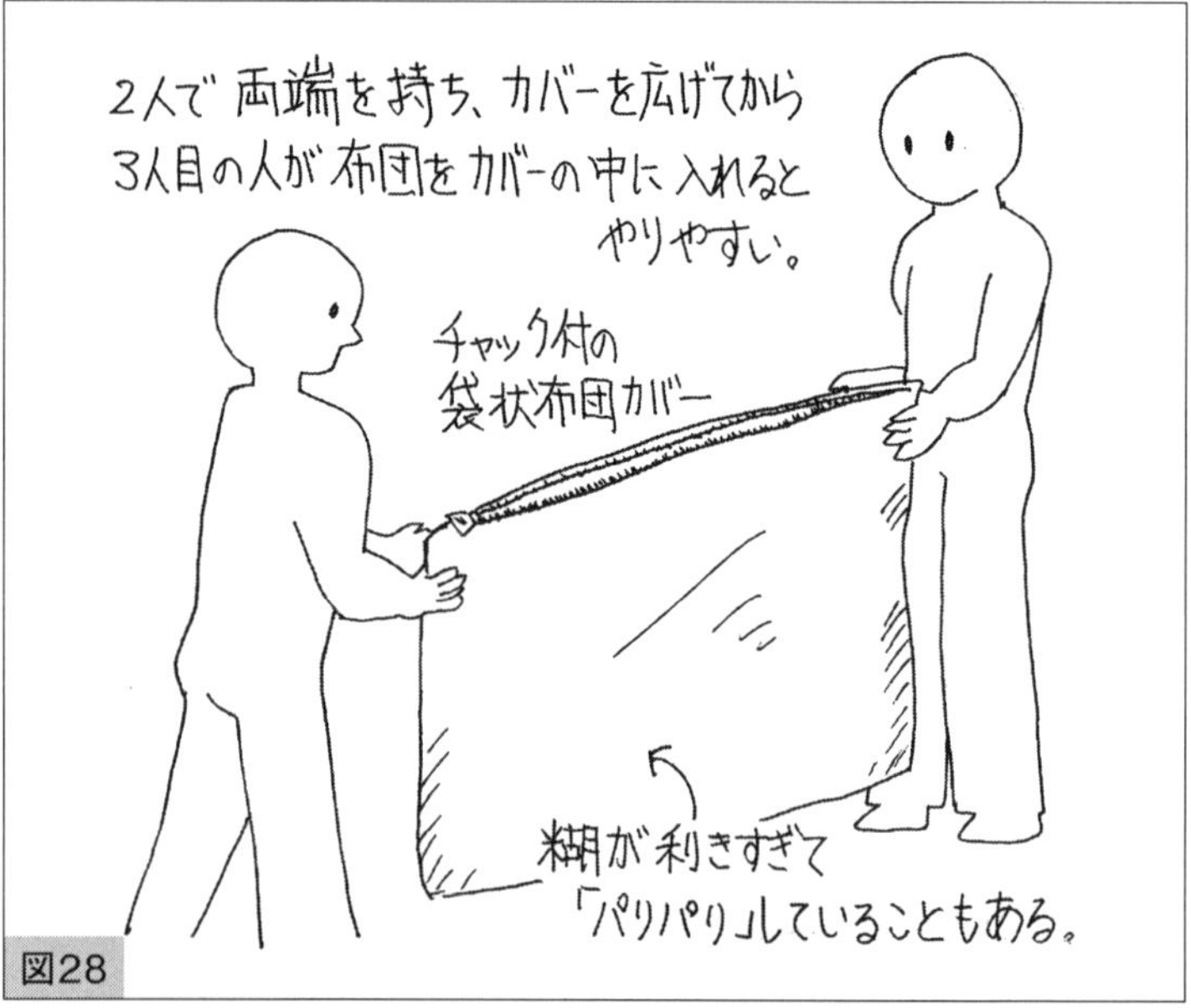
2人で両端を持ち、カバーを広げてから
3人目の人が布団をカバーの中に入れると
やりやすい。
チャック付の
袋状布団カバー
糊が利きすぎて
「パリパリ」していることもある。

図28

施設で使われているせんべい布団も、この日から数日はフカフカの布団になる。

九 事務室

留置管理課としての事務室は2か所に分かれていて、課長以下、護送担当の課員などが勤務し、接見や差し入れの受付窓口が設置されている広い事務室と留置施設内にある狭い事務室がある。留置施設内の事務室には机が2本、書類ロッカー、冷蔵庫などが並んでいて、監視台では作っていられない書類を作成したり、留置担当官が打ち合わせや食事をする場所になっている。被留置者に視線から解放されるので、留置担当官としては事務室は気持ちを休めることができる貴重な場所だ。とはいえ、休める時間は食事休憩の30分だ。お弁当をチンして食べ終わるまで15分。その後にウトウトできるのが15分。それ以上休んでしまうと、管理業務が滞ってしまう。留置施設内はお昼休みの時間でも監視を空白にするわけにはいかないから、留置担当官が半分ずつ交代で休憩をとる。人数が半分になると被留置者を取り調べに出すことも、一般接見の立ち合いをすることもできなくなるから、休憩に伴う影響を最小限にするため、休憩時間は30分で打ち切らざるを得ないのである。

冷蔵庫の中には、留置担当官が自分の弁当を入れるが、主たる保管物は被留置者の飲料水である。被留置者は、所持金を使って飲料水を買うことができるから、その保管のために公費で冷蔵庫を設置している。図29

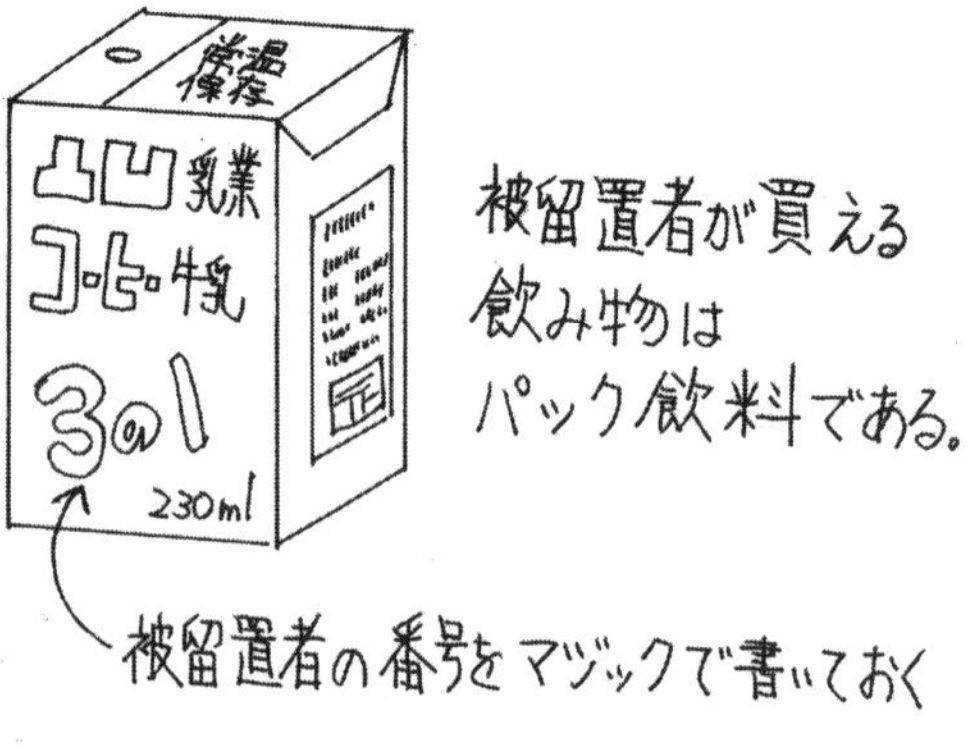

常温保存
凸凹乳業
コーヒー牛乳
3の1
230ml
被留置者が買える飲み物はパック飲料である。
被留置者の番号をマジックで書いておく

図29

第二章

日課時限、起居動作

留置施設は、集団生活の場であり曜日ごと・時間ごとにやることが決められている。その日程のことを日課時限と呼称し、日常生活に伴う行動を起居動作と呼称している。それぞれの制限時間や実行頻度（例えば入浴は○分以内。頻度は○日に1回など）には、法律や法律の施行令・規則のように全国で統一されている事項もあれば、国が定めた制限の範囲内で都道府県警察が定めている事項もある。これから記載することは、某県での実例に沿うものなので、他の都道府県警察の実態と異なる部分があることをあらかじめ承知願います。

刑事収容施設法施行規則

第三条

起居動作をすべき時間帯は次に掲げる基準に従い定めるものとする。

朝食は六時三十分から八時三十分　昼食は十一時から一時

夕食は四時三十分から七時
就寝は九時から翌八時の間で連続する八時間以上
運動は七時から五時

一　起床・清掃・洗面

(一)　一斉に起床、その後は順番

日課時限に時刻が示されていても、全居室、全被留置者が一斉に行動するのは起床（照明の点灯）と就寝（照明の消灯）の時刻だけである。その他は、居室ごととか留置番号順というように、少しではあるが示された時刻とズレを生じている。少人数の留置担当官が十分に監視体制を保持しながら起居動作を進めるためには、許容範囲であると考えられている。

起床時刻になると照明が点灯される。就寝時間帯は居室の天井で豆電球が点いていて、居室の中をぼんやりとではあるが見えるようになっている。起床時刻になると、監視台に設置されている照明スイッチを留置担当官が操作して、全ての居室で蛍光灯が点灯され同時に「おはよー。」と留置担当官が全居室に聞こえるように声をかける。ガバッと跳ね起きる者、体を丸めて

モゾモゾする者など、反応は一様ではない。留置担当官がその日の第1番目の順番になっている居室の扉を開けると、被留置者は掛布団・敷布団をたたみ、その上に枕を乗せて、その全部を抱えて布団庫に置きに行く。毛布は居室に残すことになっているので、人数分の毛布が居室に置かれるが、居室ごとに特徴が表れる。綺麗にたたんで壁に沿って積んである部屋、巻き寿司のようにクルクルと円筒形に丸めてある部屋、乱雑に投げ出してある部屋。「住人」の性格が見てとれるようである。

被留置者が布団庫に行って居室が無人になる間に、留置担当官はその居室に入り検査・点検を行う。何を見るかというと、格子の外側からでは見えにくい場所や毛布の中に何か隠されていないか、壁に落書きをしていないか、などである。布団庫から被留置者が戻ってくるまでの短い時間なので、

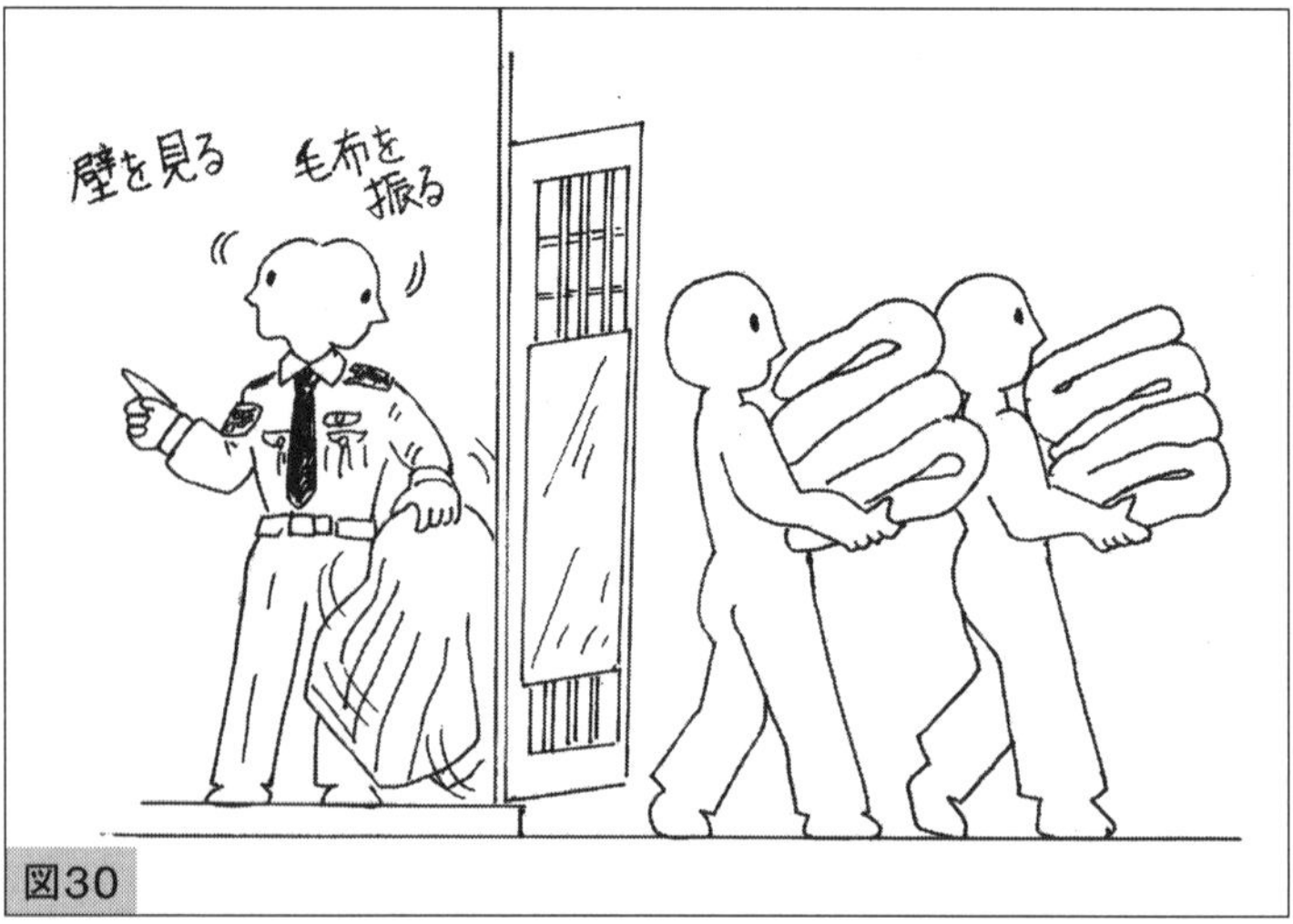

図30

手際よくサッと済ませる。図30

被留置者が居室に戻ると、2番目の順番の居室の扉を開け、布団運びと室内点検が行われ、以下全ての居室で同じことが繰り返される。

(二) 清掃

被留置者が布団庫から戻るときに、ほうきを1本、雑巾を2枚渡す。雑巾は、トイレ用と畳用が一目で分かるようになっていて、トイレの床を拭いた雑巾で畳を拭くような失敗は生まれていない。

このほうきと雑巾で居室の清掃をする。ひとつの居室に被留置者が3人だと清掃の分担がやりやすい。1人はほうきで居室内を掃く。1人はトイレの床を雑巾で拭く。残りの1人は3人分の毛布を抱えて立っている。畳を掃くと埃が舞い上がるので、毛布にその埃が付かないようにするため、

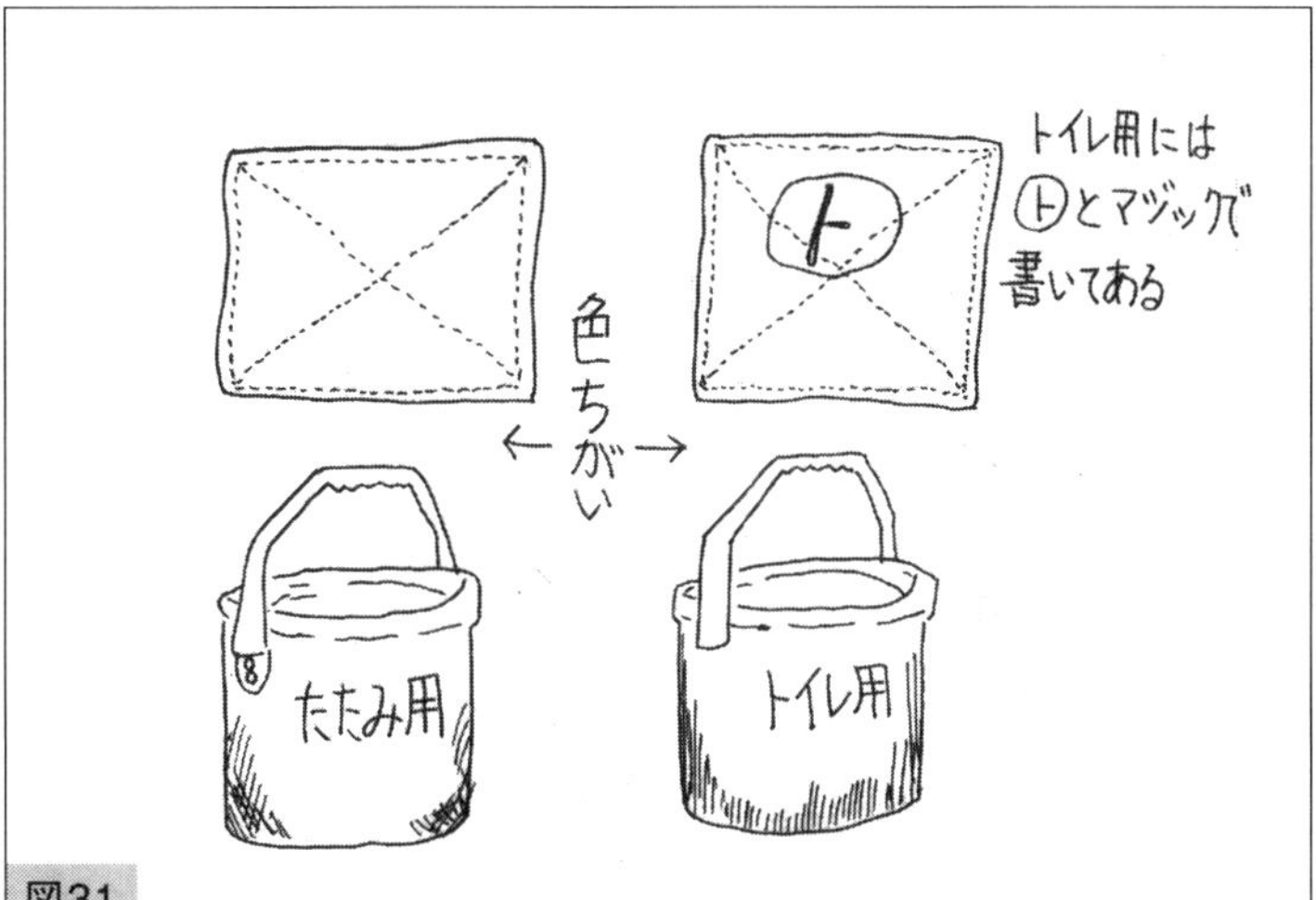
トイレ用には
(ト)とマジックで
書いてある
ト
色ちがい
たたみ用
トイレ用
図31

毛布を抱えるのである。これは決め事ではないが、逮捕された回数が多い被留置者が入っている居室では、毛布を抱えていることが多いようだ。何事も経験がものをいうのかもしれない。床を掃き終わると、畳用の雑巾の出番となり、毛布を抱えていた者が畳を拭き始める。図31

逮捕歴のない人ばかりが入っている居室では、清掃の分担もままならず、留置担当官から促されるまで清掃を始めないこともある。

居室の「住人」が1人の部屋はあわただしく清掃をしなければならない。同室者がいないと、のんびり・周囲に気を遣うことなく留置生活を送ることができるが、清掃に限っては、複数の方がよいように思える。

三 洗面

布団運びの順番が1番遅い居室で清掃が始まるころには、1番初めの居室では清掃は終わる。集めた埃は居室の扉のすぐ近くに集められ、ほうきを持っている被留置者は扉が開かれるのを待っている。留置担当官が扉を開けると、集めた埃を扉の外に掃き出す。と同時に留置担当官は掃除機で埃を吸い取る。埃が吸い取られると被留置者は居室を出て、ほうきを留置担当官に返し、雑巾はバケツが畳用とトイレ用に分けて置かれているので、それぞれをバケツに入れる。続いて、洗面所に向かうのである。

洗面所の構造は既に説明したとおりで、1度に洗面できる人数は3から4人であることが多い。これは監視態勢がどの程度維持できるか（簡単に言えば留置担当官が何人いるか。）によって、洗面を1度にできる人数が変わってくる。

食事前ではあるが、歯磨き粉を付けて歯を磨くこととなる。食事後に歯磨きの機会は与えられない。歯科衛生面では再検討すべきと思うが、現状はこのようになっていた。歯磨き粉は被疑者が所持金で購入することになっている。歯ブラシも購入しなければならない。お金を持っていない被留置者のためには、ホテルや旅館で宿泊客が無料で使える歯ブラシと同程度の安価な歯ブラシを公費で準備してある。歯磨き粉も、歯磨きのたびに留置担当官が公費で準備したものを歯ブラシの上に絞り出している。

歯ブラシは、留置番号が書かれた歯ブラシ立てに、順序良く並んで立てられている。被留置者は歯ブラシ立ての番号を見て自分の歯ブラシを取るのであるが、視力の弱い者や認知症の被留置者が、歯ブラシを間違えることがある。間違えた被留置者が所持金を持つ者なら、自費で弁償することになる。お金を持っていなければ、その日の留置担当官の中の責任者が歯ブラシ代を出して、その場を収めたことは、かつては実際にあった、という。同じような不幸な事件を起こさせないよう、歯ブラシを間違うおそれのある者については、歯ブラシ立てから留置担当官が取り、その被留置者に手渡している。

コップは共用なので使い終わったら、すすぐことが留置施設内のお約束である。

朝食前に飲む薬を処方されている者は、洗面に併せて薬が渡される。薬の飲み方は、既に説明したとおりである。

洗面が終わると、居室に戻り、食事が配られるのを待つ。

二 食事

(一) 夕食は早い？

朝食は午前6時半とか7時から、という留置施設が多い。県内で統一されていないのであるが、時間設定には検察庁との距離が影響してくる。被留置者は刑事訴訟法においては被疑者であり、報道では「容疑者」という肩書が付いている。この肩書が付くと、刑事さんたちの取り調べを受けることになる。その様子はテレビドラマや小説でたびたび出てくるシーンになるが、検察官（検事さんという呼び方もされるが、中には副検事もいる）が取り調べをしているシーンは少ない。（検察官が主役のドラマの場合は、当然のことながら検事調べのシーンが多くなるが。）逮捕されるとほとんどの場合に検察官の取り調べを数回受け、その結果で起訴されるか、その他の処分になるかが決まる。だから、検察官の取り調べは被疑者だけでなく警察にとっても重要なのだが、ドラマや小説での扱いは軽い感じだ。

検察官は、県庁所在地や方面別の主要都市に置かれた検察庁の庁舎で被疑者を待っている。被疑者を連れて行くのは、警察の仕事だ。検察官の取り調べは午前9時ころから始まるので、護送用マイクロバスは、各留置施設を順に巡って取り調べが予定されている被留置者を乗せ、午前8時半ころまでには検察庁の庁舎に到着しなければならない。検察庁まで1時間半かかる場所に所在する留置施設なら、遅くても午前7時には出発しなければならない。必然的に朝食が午前6時半となり起床は午前6時となる。午前8時半に始業の会社に勤めていて、通勤に1時間半かかるという人も同じような朝のスケジュールになっているのではないでしょうか。

昼食は、午後0時という留置施設がほとんどなので、世間一般と同じである。

夕食は、午後5時半とか6時という留置施設が多い。朝出勤して夕方帰る勤め人に当てはめると、退社したとほぼ同時に夕食を食べることになる。そうなるとかなり早い時刻に夕食が支給されている、という印象を受けるが、視点を変えて、就寝時間が午後9時であることを踏まえると、極端に早いということもない。病院の入院患者も消灯時間が午後9時なら、夕食の開始は午後5時半とか6時ではないだろうか。

(二) 食事の点検

食事については、官弁でも自弁でも仕出しの弁当で、ご飯が入った容器とおかずが入った容器に分けられていることが多い。弁当業者さんは配食の1時間くらい前に、留置施設へ弁当を届けてくるので、被留置者を起床させるまでに中身を点検（起床後は被留置者の対応・監視にあたるため）しなければならないから、かなり忙しい。点検は容器のふたを開けて、ひとつひとつ丁寧に見ないといけない。点検項目は大きく分けて「混入」と「数」である。混入というのは

①外部の者が被留置者に宛てたメモのようなものが入っていないか。
②飲み込んだら危険な物は入っていないか。
③ゴミや虫は入っていないか。

を確かめることである。

弁当にメモを入れて通謀しようとしても、メモを弁当に仕込むには、被留置者の仲間が弁当業者を抱き込まなければならないし、その容器が目的の被留置者に渡される可能性は低いのだから、成功率が極めて低い。しかしながら、万が一を想定して対処するのが留置管理のやり方

である。

次に、飲み込んだら危険な物の例としては、竹串・バラン・醤油などを入れてあるプラスチック容器などであり、高齢の被留置者が間違って嚥下しないように、弁当を配る前に取り除くための点検である。ここで問題になるのが、何歳からが高齢になるか、ということで、誰もが爺さん（婆さん）扱いされたくないのは同じだし、年齢が低くても認知症を発症しているような人もいるから、年齢で分けることなく、全員の弁当を点検して飲み込んだら危険な物を排除する。もちろん業者さんには、契約の中で飲み込み危険物を弁当に入れないよう記載されているので、入っていないことが前提だが、念のため、点検することになっている。

メモや危険物の混入に比べ、油断してはいけないのが、ゴミや虫の混入である。ふたを開けて見ただけでは、見つからないこともあるが、箸でかき回すわけにもいかないから、じっくり見た上は、ゴミなどが入っていないことを祈るしかない。

数というのは、おかずの中身のことである。ひとつひとつ数えられるおかずの個数（例えば肉団子や小型のコロッケのように）が全員一致しているか、ということが重大なポイントでこの数が違うと被留置者から文句がでてしまう。食べることくらいしか楽しみがない被留置者にとっては、おかずの数は重大な関心事になっている。その気持ちを理解したうえで、留置担当官たちは1日3回毎日毎日、真剣に、かつ、手際よく弁当箱のふたを開け、そして閉めるのである。という訳で、野菜炒めのように個数が数えられないおかずとか大きなオムレツが1つだけ、というパターンが留置担当官にとっては望ましいおかずということになる。

法律には支給物として「湯茶」も明記されているから、食事の時はお茶を出している。立派な料理店で使っている有名ブランド茶、とまではいかなくても、湯飲み茶わんに入れられた、それなりの味と風味で、ほどよい温度のお茶が飲めると思ったら間違いで、支給されるのはプラスチックのコップに入ったぬるいお茶である。支給するお茶の製造方法は、大きなヤカンに熱いお湯を入れ、そこに家庭用のお茶のパックを1つだけ入れて、ある程度時間が経ったら熱湯がぬるくなるまで水を入れて完成である。つまり、水で薄めたぬるいお茶が支給されるのである。

留置担当官は、被留置者が火傷しないように配慮するよう指示されているから、ぬるいお茶しか支給しない。熱いお茶が飲みたいという希望は、留置施設にいる限り叶えられることはない。

(三) 弁当箱は畳に直置き

被留置者が洗面を終えて居室に入ると、コップに入ったぬるいお茶が配食口から入れられる。配食口は、高さ20センチ幅30センチくらいの大きさで、居室の扉の脇に設けられている。お茶が入れられたら次が弁当と箸、続いて醤油とソースが入る。醤油とソースはソフトビニール製の容器に入れられ、容器の商品名は「ペンギン醤油さし」という。被留置者はそれぞれの好みでおかずにかけて、かけ終わったら速やかに配食口から出す。これを留置担当官が受け取り、隣の居室に回していく。図32

弁当を受け取った被留置者は、多くの場合で車座に坐って食べ始まるが、居室内にはテーブルのような家具はないので、弁当箱は畳に直置きすることになる。ランチマットとかビニールシートもない。留置経験の多い被留置者はトイレットペーパーをたたんで弁当箱の下に敷いているので、同じ居室の者も真似してトイレットペーパーを敷いている。

食べ終わったら、配食口からコップ、箸、弁当箱を出す。弁当箱を受け取った留置担当官は、その場で弁当箱の中をチェックする。その目的は、被留置者が食べた量を確かめるためで、食欲が落ちているようなら精神的不安定になっているのではないか、という視点で監視する

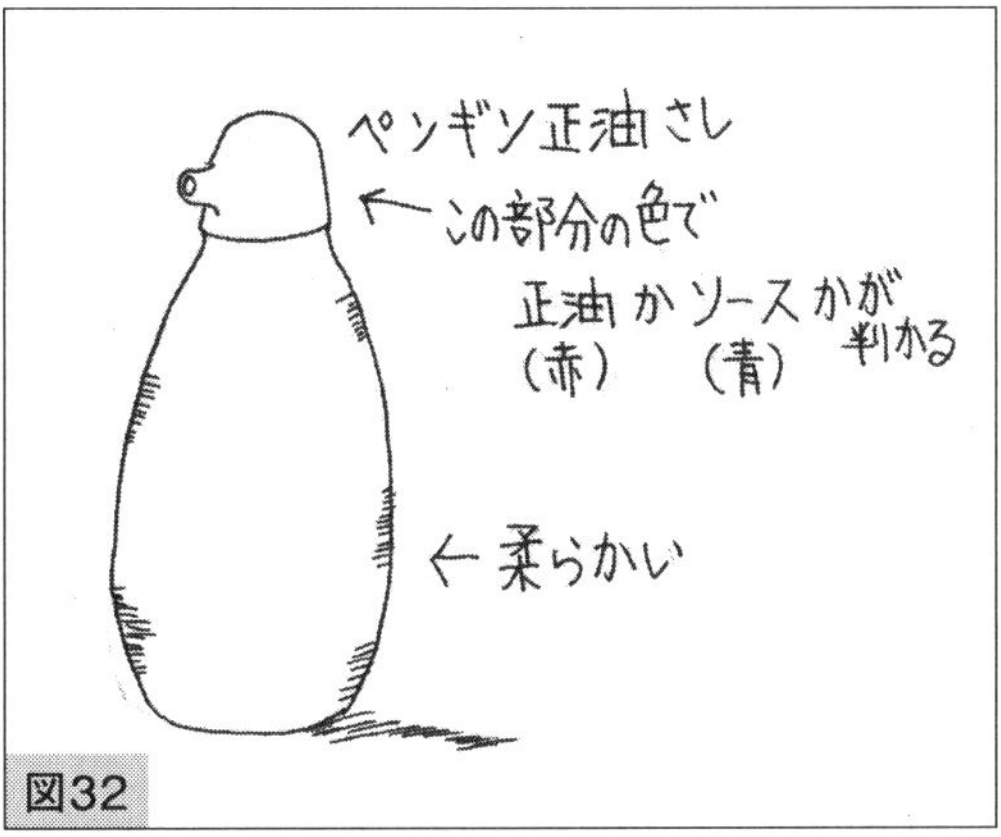
ペンギン正油さし
←この部分の色で
正油かソースかが
(赤) (青)
判かる
←柔らかい
図32

こととなる。

全居室の食事が終わり、ひと段落つくと食後のお薬タイムになる。食後に服用するように処方されている薬を、決められた方法で留置担当官が飲ませる。そして、前日の朝から勤務をしていた留置担当官は、この時点で帰り支度を始める。

㈣ 取り調べでカツ丼を食べられるか

捜査において被疑者に便宜を図ることは、供述の真実性を失わせる行為とされており、許されない行為である。便宜供与のひとつとして、飲食物の提供がある。

たった1回、カツ丼を食べさせてもらっただけで、捜査員に迎合して、やってもいない罪を認めることがあるのかなァ、という指摘はもっともであるが、捜査の適正を疑わせるおそれがあるので、捜査員が被疑者に食事をおごることはない。

被疑者が逮捕されていないなら、取調室から出て、被疑者自身の出費で食べることになる。カツ丼でもうな重でもお好きな物をご自由に自分のお金でお食べください、というスタンスだ。

被疑者が逮捕されているなら、食事を支給するのは留置管理の業務であり、支給される食事は、弁当業者さんの弁当である。業者さんの弁当が丼に入って届けられることはない。ただし、業者への弁当の注文が間に合わない場合は、警察署近くのスーパー、コンビニや持ち帰り弁当店などから警察官が食べ物を公費で買ってきて、被疑者に食べさせることになる。その食べ物がカツ丼であれば「取調室でカツ丼を食べる」シーンが成立する。

しかしながら、スーパーなどで買ってくる食べ物の価格の上限は官弁の価格と同額にしなければならない、という決まりがある。官弁の価格はおおむね三百円程度なので、被疑者にカツ丼を食べさせるなら、三百円以下のカツ丼が売っていなければならない。スーパーのミニカツ丼なら食べられるかな？　図33

図33

三　時事の報道に接する機会

(一) 新聞記事の点検

新聞を待合フロアに置いておき、順番待ちの人に退屈を紛らわしてもらうサービスは、病院や床屋さんをはじめ多くの施設や店舗で全く問題なく行われている日常的風景である。待合フロアに新聞を置くことに関して、法律上の根拠や規定を必要としないのはいうまでもない。ところ変わって留置施設となると、新聞を被留置者に読ませるだけでも法律の規定が必要となる。「時事の報道（つまりニュース）に被留置者が接する（知る）機会を与えるように努めなければならない。」という趣旨の条文が刑事収容施設法で定められていて、これを実行するため、新聞を留置施設内で回覧している。

新聞を被留置者に読ませられるようにするには、いくつかの手順を踏まなければならない。朝刊が警察署に配達される時間は、だいたい午前4時少し前で、起き番の当直員が課ごとに新聞を仕分けして警察署のロビーのカウンター（昼間は交通課の受付窓口になっていることが多い）に手際よく並べる。留置担当官は頃合いを見計らってロビーに行き、新聞を留置管理課事務室に持ち帰る。その途中で、折り込み広告は、古新聞の回収ボックスに入れてしまう。被留置者にスーパーマーケットや中古自動車販売店の広告を見せる必要はないということだ。自分で買いに行くことは当然できないし、誰かに買ってきてもらうとしても、差し入れできる物品は限られているのだから。

新聞を取ってきた留置担当官は、留置管理課事務室で新聞記事の点検を始める。記事の点検というと「取り調べ当局の不当な検閲ではないか！」と感じる人もいるとは思うが、それこそドラマの見過ぎである。隅から隅まで点検をするが、目的は政治目的や思想取り締まりには全く関係なく、被留置者の逃走や自殺に関する記事を削除するための点検なのである。このような記事を被留置者が見ることにより同じような行動を起こす恐れがあるので、留置施設だけでなく、法務省管轄の刑務所や拘置所で発生した逃走事案や自殺事案に関する記事は削除することとなっている。

逃走や自殺に関する記事を発見したら、上司に報告し、指示を受けてから記事を削除する。報告を受けた上司は、発見漏れがないかを再確認する。社会面に三段抜きで大きく書かれた記事は、第一面にも小さな枠で掲載されている可能性がある。大きい記事を見つけて、安心してしまうと失敗に結び付くから油断してはならない。

かなり昔は、警察官が悪事をして捕まった記事も削除の対象になっていたようだ。削除の理由は、警察の威厳を守るためと思われ、このような記事を見た被留置者から「警察だって悪いことをするのだから、俺たちに偉そうに指示するな。」と言われるのが嫌だったのだろう。それを削除しなくなったきっかけは不明だが、「警察官だって悪事を働けば、逮捕される。身内の悪事をかばうことなく、誰に対しても公平に仕事をしている証拠」という位置づけにされたのに違いない。

食事の項目でも記載したとおり、起床時刻を過ぎたら被留置者の起居動作が長く続くので、新聞記事の削除をしている時間的余裕はない。削除は、被留置者の起床前に終了させておかねばならない。削除の方法は、削除したい記事に、セロハンテープかガムテープを貼り付け、それを新聞紙が破れないように上手に剥がすと、紙の表面が薄く剥がれて白紙状態になる。剥がした部分の反対側の記事は、読める状態のままである。しかし、剥がし方が悪いと、削除したい記事の文字が読める程度に残ってしまったり紙が破れてしまったりするから、古新聞などで練習を繰り返し技術を高めなければならない。

セロハンテープとガムテープの違いは、貼り付く力の違いとテープ自体が透明か不透明かの違いである。セロハンテープの方が削除しようとする記事がテープを貼っても見えるから使いやすいが、貼り付く力が弱いので、印刷された文字を読み取れない程度にするには「剥がし」を2から3回繰り返す必要がある。削除する記事をボールペンで塗りつぶす方法もあるが、塗りつぶす筆記具がマジックやホワイトボードマーカーの場合は、反対側の記事も読めなくなってしまうので、削除の方法としてはNGである。

㈡ 新聞の回覧

削除を終えると、新聞紙がバラバラにならないように紙縒りで結ぶ。これで新聞紙本体の準備はできた。回覧開始のタイミングは、朝食が終わり、それに付随する起居動作がひと段落ついたころとなる。回覧を始める居室は、起床後の布団出しの順番と同じように1日ごとにズレていくので、一応の公平感は保たれている。ひとつの居室には2から3人が同居していることが多く、居室内の誰から読み始まるかは「住人たち」に任せてある。

1つの居室が新聞を読み終えると、すぐに次の居室には回さないで留置担当官が紙面の点検をする。点検のポイントは、新聞の枚数が揃っていること（紙縒りで結ぶ目的は、新聞紙の抜き取り防止のため）、破られていないこと、書き込みがされていないことの3項目となる。被留置者には、手紙や日記を書くためにボールペンを貸し出している。そのボールペンを使って書き込みがされていないかを点検する。書き込みは、文字に限らず絵やマークも該当する。書き込みに神経をとがらせる理由は、被留置者間の共謀・内通をさせないためである。鉄格子の向こう側にいるとはいえ、留置施設内に限れば留置担当官より被留置者の方が人数は多い。万が一、多くの被留置者が示し合せて暴れ出したら、収拾にたいへんな労力が必要となる。書き込みを使って意思疎通されるのは防がねばならないので、回覧する居室が変わるごとに点検が行われる。

㈢ ラジオ放送

時事の報道には「報道番組の放送」が含まれるので、放送されているニュースに被留置者が接する機会を作らなければならない。留置施設内にはテレビはないので、ラジオでニュースを聞かせるが、単純に放送を流せばよい、というものではない。新聞と同じように点検をしたうえで、被留置者に聞かせるのである。

その方法は、朝のニュースをカセットテープ（当時の録音機材はラジカセである）に録音して、その内容を留置管理課長や課長代理が聞いて、問題がなければ昼の食事時間にテープを再生して被留置者に聞かせる。放送内容の点検ポイントは、新聞と同じ。被留置者の逃走や自殺がニュース項目に含まれていれば、その部分は録音を消去する。

昼食を配り終えると、ラジカセのスイッチを入れて朝のニュースの録音を流す。昼ご飯を食べながらアナウンサーに「おはようございます。」と言われると違和感があるが、新規に留置した者でも3日も経てば慣れてくるらしい。10分間ほど全国版のニュースを再生したら報道に接する時間は終わりで、ラジカセの機能をテープ再生からラジオ受信に切り替えて、地元FM局の音楽リクエスト番組を流す。このような番組で被留置者の自殺や逃走をＤＪが話す可能性はないので、放送内容を検査する必要はない、という前提でリアルタイムの放送を流している。

音楽を流すことがＯＫならば、ということで個人所有の歌謡曲のカセットテープを職場である留置施設に持ち込んで、ラジカセで流すこともあった。年齢が高い被留置者にとってはFMを聞かされても雑音にしか聞こえていないかもしれない。昭和の歌謡曲は、彼らにとって心地よいだろうという配慮を留置担当官がしたのか、自分自身のためにお好みの曲のカセットを持ってきたのかは分からない。そもそも、個人所有のカセットテープに録音された音声や楽曲を留置施設内で流してよいのか、という疑問を誰も持たずに、以前からやっていて支障が生じているわけでもないから現状追認で踏襲していただけである。

四 おやつ

(一) セット販売

差し入れの項目で少し記載したが、被留置者でも菓子やジュースを買って居室で食べたり飲んだりすることができる。ただし、好きな物を好きなだけ、いつでも買えるわけではなく、保管・管理が容易で常温保存できる飲食物でなければならないし、購入数量・価格・注文日・納品日なども細かく決められている。具体的には、せんべい、クッキー、菓子パンなどは小分けされていなければならない。一般的には、大袋入りの菓子を食べきれなかったら、袋をたたんで輪ゴムでくくって戸棚にしまっているのであろうが、留置施設では開封したものを保管し続けることはない。

一旦開封すると、中身がせんべい類だと湿気ったり、パン類だと乾燥してぱさぱさになるおそれがある。こうなった場合、保管の方法が悪いからだ、という留置担当官に対する苦情となる。その苦情が生じる可能性をゼロにするために、食べきれる量に小分けして包装されている商品しか買えないようになっている。飲み物も長期に常温保存できるパック入り飲料に限られている。これらが、ワンセット五百円とか六百円とかのように計算しやすい価格設定でセット販売される。

計算しやすくする理由には、被留置者から預かっている現金を出納する際に手間をかけたくない、ということもある。商店の側も、お釣りの用意が簡単になるというメリットがある。

セット売りの例としては、

Aセット　せんべい（2枚入りの小分け袋が5袋入り）2袋、アンパン1個、クリームパン1個、スナック菓子（1袋30グラム入り）3袋
Bセット　アンパン2個、クリームパン2個、スナック菓子3袋
Cセット　せんべい2袋、コーヒー牛乳パック2個、野菜ジュースパック1個

Dセット　オレンジジュースパック2個、リンゴジュースパック2個、コーヒー牛乳パック1個

とセット売りになっていて、組み合わせを変えることはできない。

注文は留置担当官が各居室を回って聞き取るが、注文してもすぐに配達されるわけではない。例えば、毎週木曜日が注文日なら、配達は土曜日になる、というように中一日を置くことが多いようだ。品物を配達するのになぜ時間がかかるのか、というと、複数の要因が重なっている。まずは、注文を受ける商店やスーパーマーケットは、このようなセット売りを一般的にしていないし、配達もしていない。領収書は、代金を支払う被留置者ごとに作らないといけないし、実際の店頭で販売している価格でレジ打ち

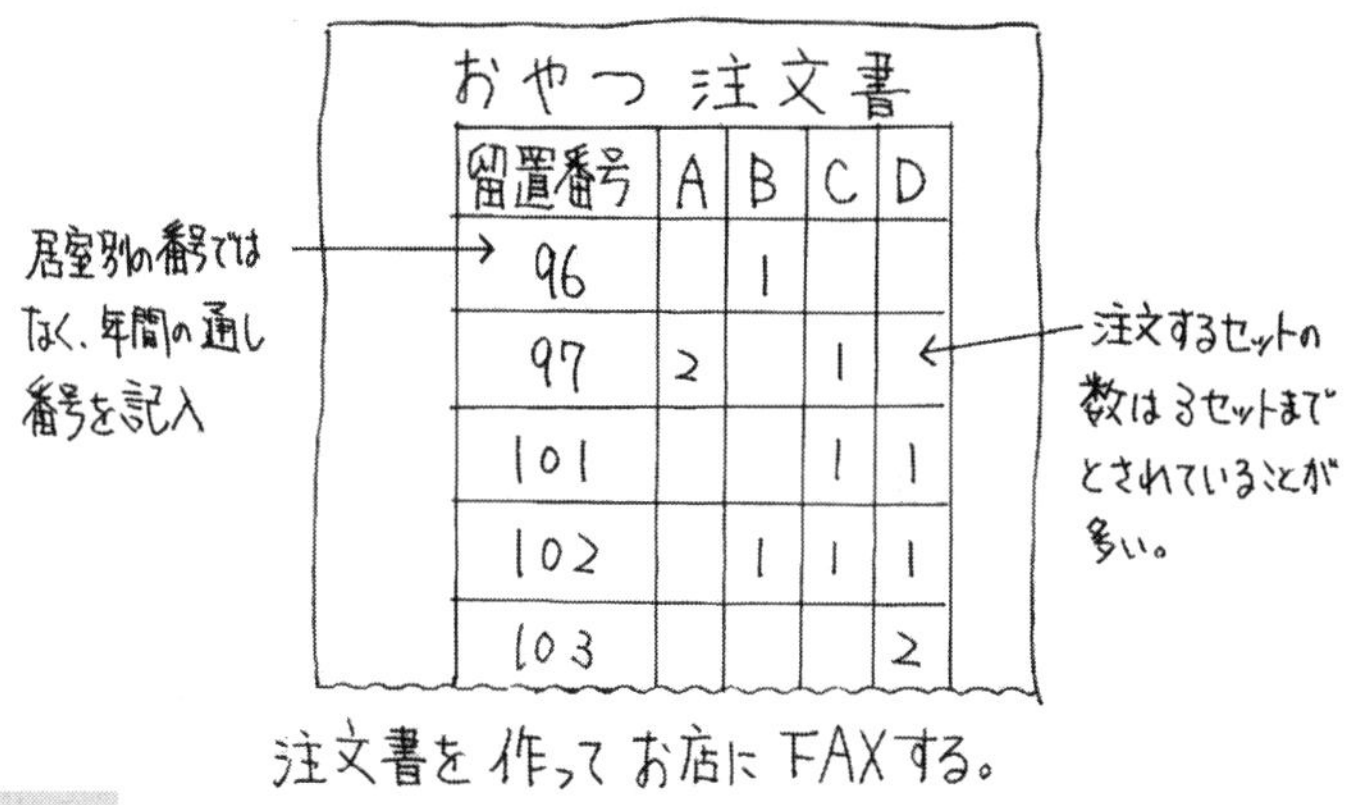
おやつ注文書
留置番号 A B C D
96 1
97 2 1
101 1 1
102 1 1 1
103 2
居室別の番号ではなく、年間の通し番号を記入
注文するセットの数は3セットまでとされていることが多い。
注文書を作ってお店にFAXする。
図34

してしまうと五百円とか六百円とか計算しやすい金額にはならないので、手入力で値引きの操作をすることになる。レジを打たずに手書きの領収書を作る店もある。たいした儲けにならない商売であり、時間もかかるので時給を払ってまでアルバイトさんにやってもらうのではなく、店主が店の終わった時間にセットの商品を揃えたり、領収書を準備することになる。だから、中一日の時間が必要になってくる。図34、図35

代金の支払いも面倒だ。おやつを注文した被留置者ごとに清算する。飲食店に集団でやってきた客が、一人ひとり別々に食事代を支払う「個別会計」と同じである。あらかじめ支払額を取りまとめようとしても、却って分かりにくくなることだってある。

注文品を警察署に届けても、留置担当官がセット内容（種類と数量）や賞味期限を確かめ終わり、代金を店側に渡し、店側から領収書とお釣りを渡し終わるまで納品は完了しないので、ここでも時間がかかる。こんな面倒なことをやってくれる商店やスーパーはなかなか見つからない。警察署の近くにある商店の店主を拝み倒して、引き受けてもらっているというのが現状だ。困ったことに、このようなお店は、店主の高齢化が進み跡継ぎがないため閉店する傾向にある。図36

納品と代金の清算が終わると、届いたおやつと領収書を、留置担当官が被留置者に見せて、品物が届き支払いが完了したことを認識させねばならない。見せたおやつは、留置担当官の事務

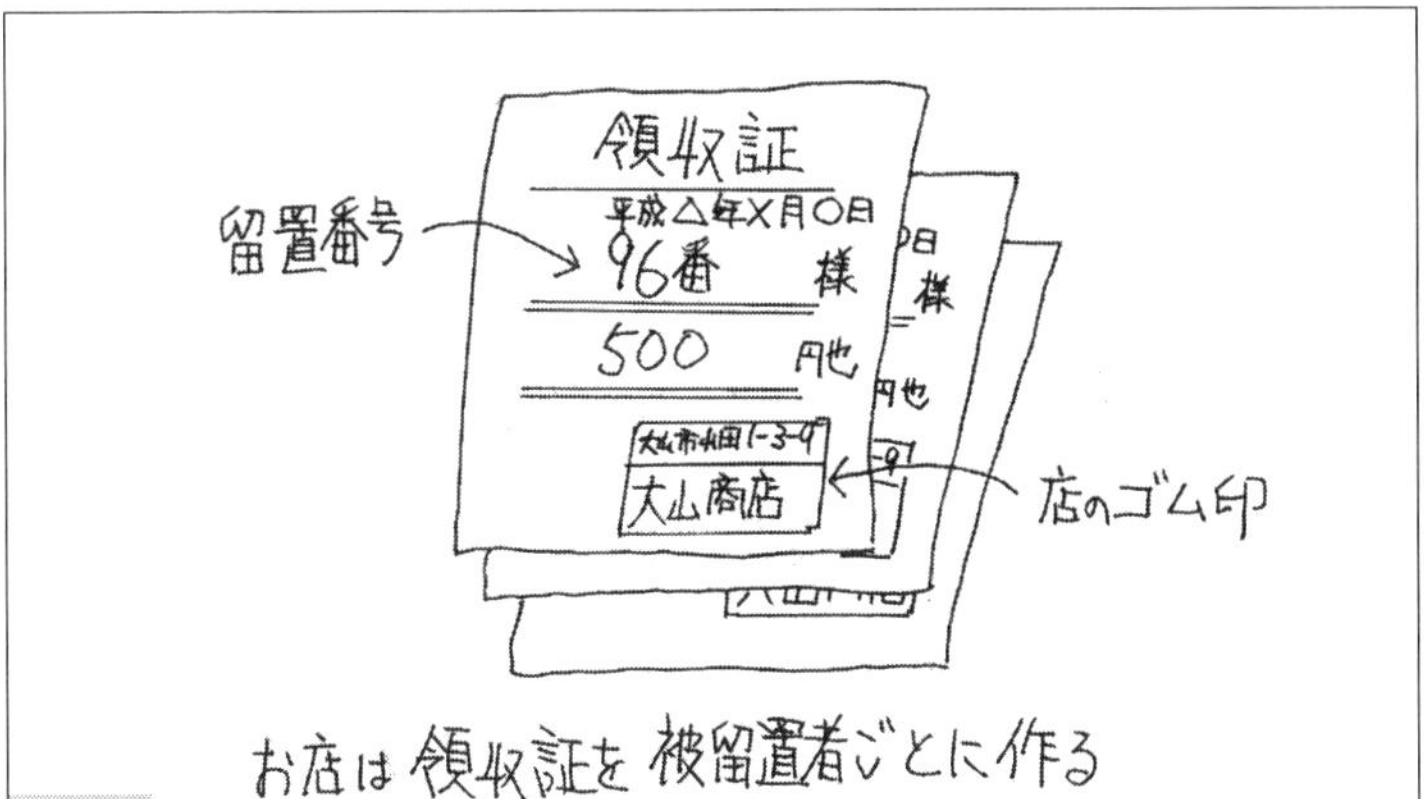
領収証
平成△年X月○日
96番 様
500 円也
大山商店
留置番号
店のゴム印
お店は領収証を被留置者ごとに作る

図35

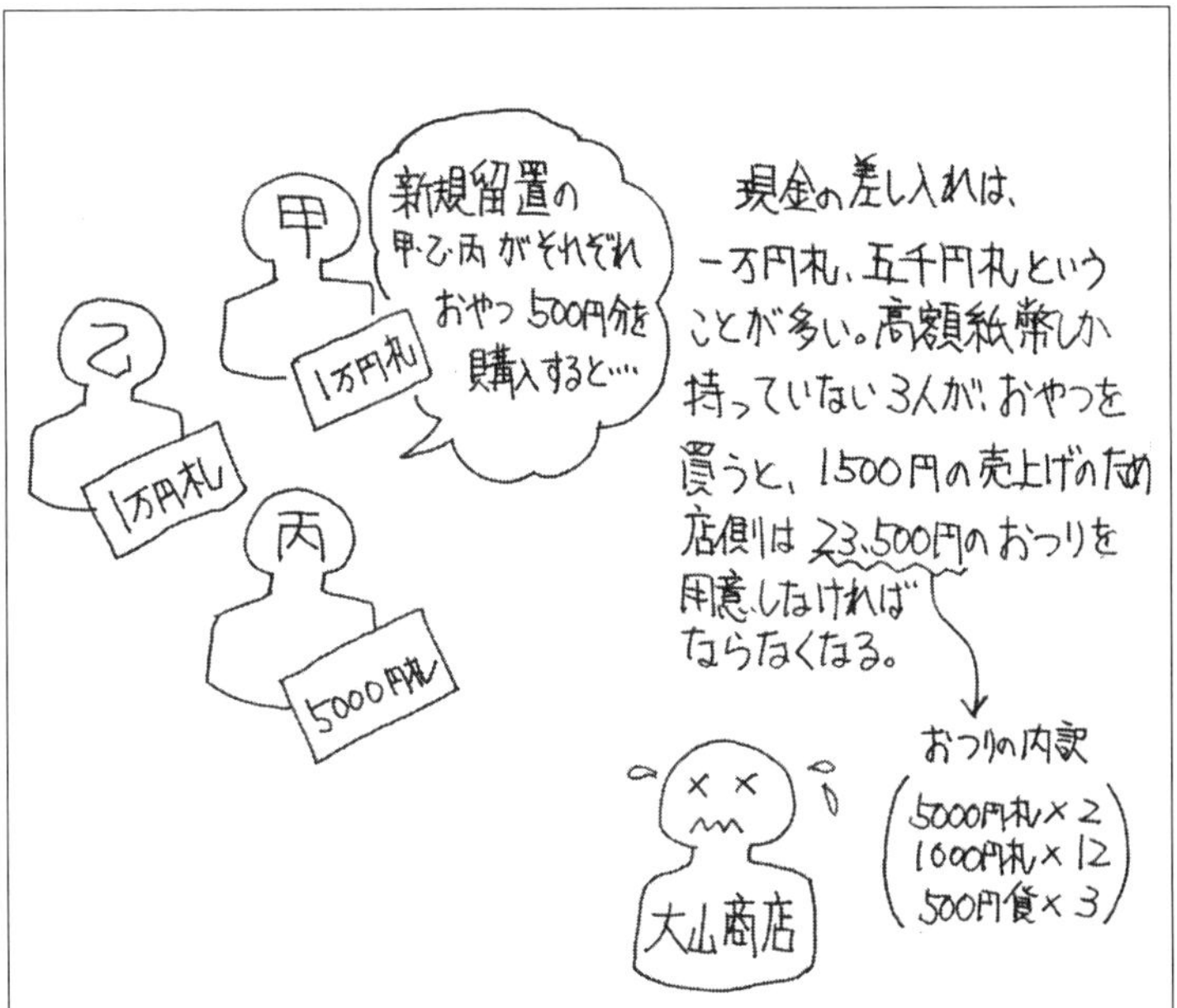
新規留置の
甲・乙・丙 がそれぞれ
おやつ 500円分を
購入すると…
甲
乙
丙
1万円札
1万円札
5000円札
現金の差し入れは、
一万円札、五千円札という
ことが多い。高額紙幣しか
持っていない3人が、おやつを
買うと、1500円の売上げのため
店側は 23,500円のおつりを
用意しなければ
ならなくなる。
おつりの内訳
5000円札×2
1000円札×12
500円貨×3
大山商店

図36

室に運びお菓子類は戸棚に、飲み物は冷蔵庫に保管する。領収書は、被留置者の現金目録の続紙に貼り付け、現金出納の状況（○○商店におやつ代として五百円支払った）を被留置者現金出納簿に記載する。これで、おやつの発注から納品、支払いに関する手続きが完了する。被留置者がお菓子ひとつ手に入れるまでには、それなりの苦労をしている人がいるのだ。

㈡ いつ、どこで、どれだけ食べる

おやつは留置担当官が管理しているので、おやつを食べてよい時刻にならないと被留置者の手元には届かない。おやつの時間が近づくと、留置担当官が被留置者にどの菓子類をどれだけ食べるか、どの飲み物をどれだけ飲むかを、各居室を回って聞き取る。食べる場所は、居室に限られているので、おやつの時間に取り調べに出ている被留置者は残念ながら食べられない。

食べる量には制限がないが、いったん封を開けてしまえば、食べきることが前提で、残った場合は捨ててしまう。封を閉じても保管できない理由は既に記載したとおりであり、残ったからと言って、同室者におやつを分け与えることは禁止されている。たかがお菓子ひとつでも、与えた側がもらった側に対して優位に立つことになる。同室者の間に、上下関係が生じることは、留置施設内の安定を乱す現象となるから、そのきっかけとなるお菓子のやり取りは禁止事項になっているのである。

五　居室内での行動

(一) 手紙を書く

被留置者が手紙を書くについても、決まりがある。書く時間帯は、起居動作に支障がなければよいとされているので、逆を言えば食事や入浴などの起居動作を行っている時は書くことはできない。筆記用具は、留置管理課で用意したボールペンに限られている。ボールペンは、1人に1本が貸し出されるが、ペン先は尖っているから危険物扱いとなる。

危険物扱いなので、貸し出しと回収がきちんと管理できるようボールペンには番号シールが貼られ、キャップは付けられていない。インクの芯が抜かれないように、先端部のねじ部分と後端部の芯止めは、それぞれ本体に接着剤で固定されている。図37

便箋は、1冊まるごと被留置者に渡すことはなく、

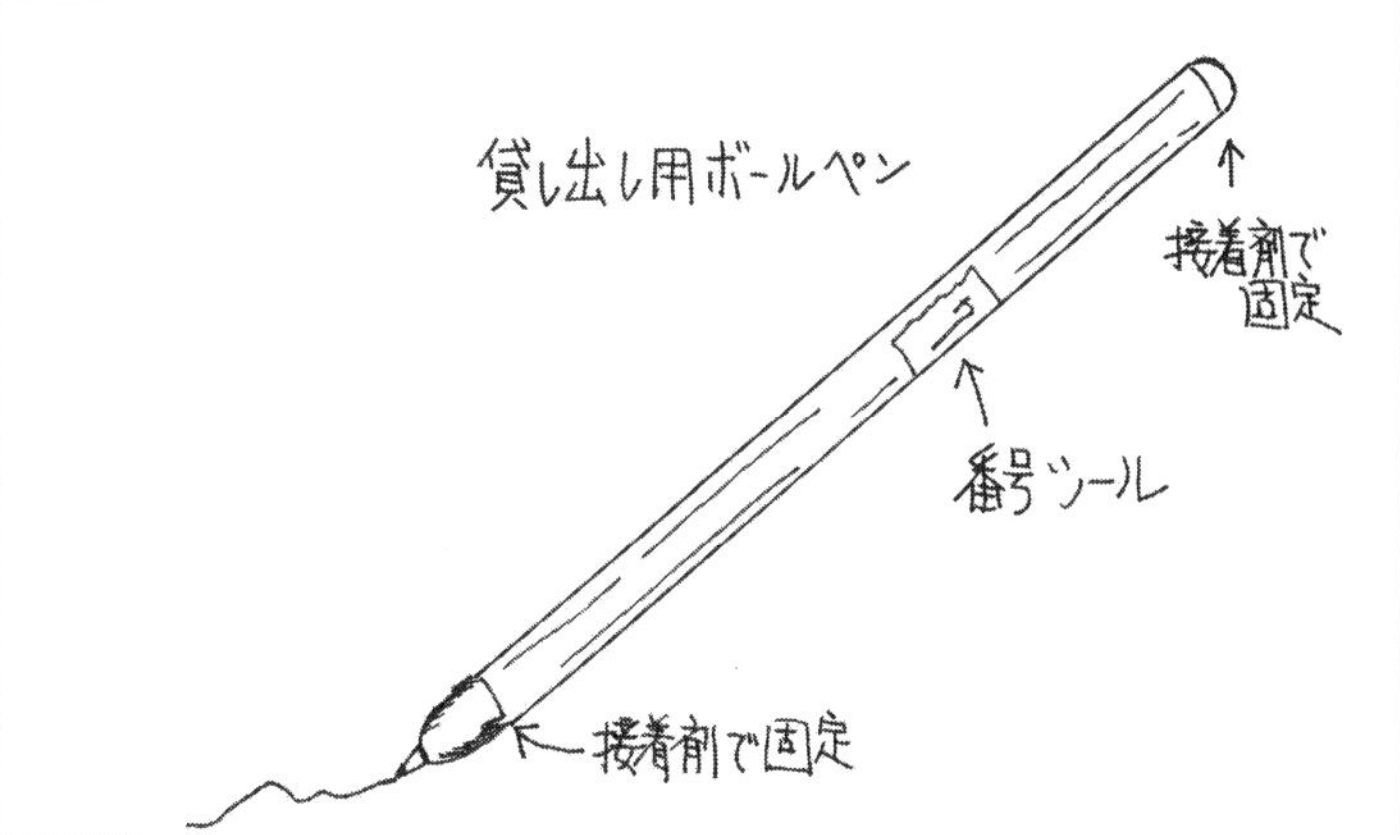

図37

便箋綴りから5枚を剥がして被留置者に渡す。書き損じたら、その書き損じた紙と交換で新しい紙を渡すことになっている。これによって、居室内に入っている紙の枚数が常に一定になるので、管理がしやすくなる。

食事の項でも説明したが、居室にはテーブルがない。被留置者は畳に腹ばいになったり、背中を丸めて坐りながら書くことになる。ボールペンで書くのだから、紙を直接、畳においたら紙は穴だらけになり破れてしまう。そのため、手紙を書く場合は、下敷きとなる厚紙（便箋やレポート用紙綴りの裏紙のようなもの）を貸し出す。手紙を書いているときは、辞書も希望に応じて、貸し出している。辞書は2から3冊しかないので、複数の居室で使いまわすこともある。

手紙を書き終えたら、留置担当官は白紙のままの紙を便箋綴りに戻し、ボールペンの状態を点検し、厚紙と辞書については書き込みや破れがないかを確かめる。手紙に書かれた文章は留置管理課長が検閲し、内容に問題がなければ郵送の手続きへ進む。切手はあらかじめ被留置者が購入している物を使う。購入方法は、おやつの注文に合わせて発注し、おやつと一緒に届けられる。切手は差し入れができるので、家族や弁護人が差し入れていくこともしばしばある。

手紙を午前中から書いていて、昼ご飯の時間になった場合は、危険物であるボールペンはもちろん辞書・便箋の紙（書きかけのものを含む）・下敷きの厚紙を返納させる。昼ご飯を食べ終えたらすぐに書き始めるのであっても、食事中に必要のないものは、居室から出させることになっている。

(二) 読書

留置施設内にはテレビがないことは、記載したとおりであり、ラジオを聴けるのも昼ご飯の時間だけである。新聞の回覧はあるが、各居室で回し読みだから、長い時間にわたって独り占めはできない。逮捕されてからの数日間は、食事や入浴を除いて取り調べが続くこともあるが、留置期間の後半になると、取り調べのない日が多くなる。そうなると、居室内で時間を持て余してしまうので、被留置者は本を読んで1日を過ごしている。

差し入れの項目で説明したとおり、漫画・小説・週刊誌などの刊行物は差し入れができる（刊行物は「文書」の扱いになるので、接見禁止の者については、弁護人だけしか差し入れできない。）ので、被留置者は差し入れられた本を読むことが多い。おやつと一緒に週刊誌などを購入もできるが、取り扱っている本の種類が少ないので、面会の時に読みたい本の差し入れを面会者に告げて、面会後に警察署の近くの書店で面会者が買ってきて、それを差し入れる、というパターンが1番多い。

差し入れられた本及び購入した本（被留置者自身の本なので自本（じぼん）と呼称している）

は、個人ロッカーに保管しておき、被留置者は自本が読みたくなったら居室に持ち込むことになる。持ち込む手順は、留置担当官が被留置者を居室から出して、個人ロッカーまで同行する。そこで、ロッカーの錠を留置担当官が開け、被留置者がロッカーから本を取り出し、居室へ持ち帰るのである。持ち込める冊数は3冊までと決まっているから、自本の数が多いと本選びに時間がかかることもある。

自本のない者は留置施設で準備してある本を読んでいる。これらの本は官本（かんぼん）と呼称され、小説が多いが、紀行文、随筆、実用本などがあり漫画も置いてある。これらは警察職員が読み終えた本を留置施設に寄贈したものがほとんどである。官本は百から二百冊くらいあり、それぞれの本には番号が記入されている。被留置者が官本の本棚から本を取り出すと、留置担当官はその

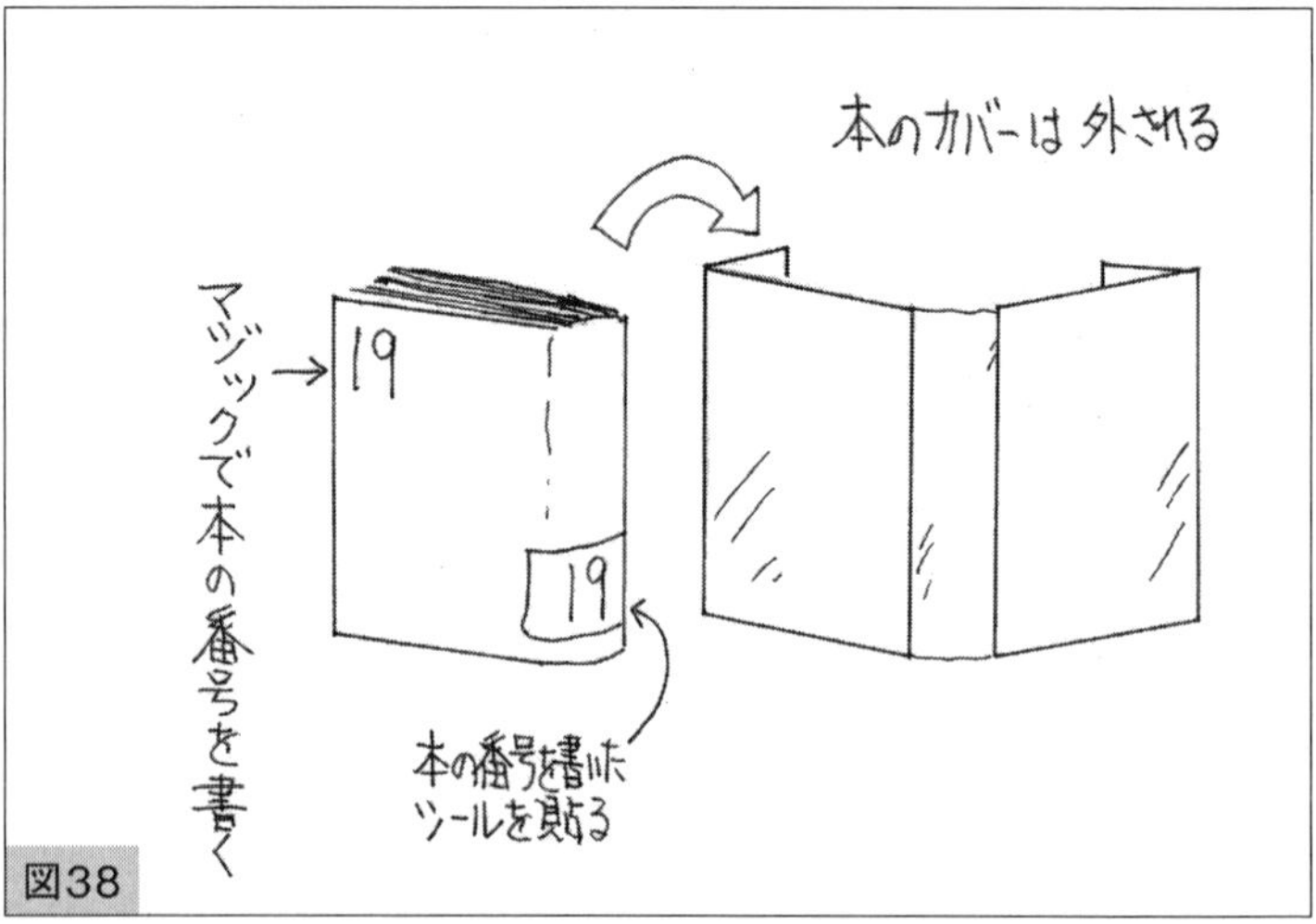
本のカバーは外される
マジックで本の番号を書く
19
19
本の番号を書いたシールを貼る
図38

本の番号を貸し出し簿に記入して、居室に持ち込むことを許可する。図38

接見禁止の者も官本なら読むことができる。接見禁止は、弁護人以外との面会や文書のやり取りが禁止されているのであり、本を読むことを制限されているわけではないから、官本を読んでも何ら問題はない。ちなみに、自本を持っていても、官本を読むことはできる。

薬物関係で捕まった被留置者向けとして、薬物犯罪の再犯を防止する活動をしている団体から寄贈された「再犯防止につながる書籍」が、官本の棚に置かれている。団体としては、薬物犯罪の被留置者に読んでもらえば寄贈の目的を達成するのだが、留置担当官は全ての被留置者にその本を読むよう勧めている。その理由は、薬物犯罪の被留置者に限定して勧めた場合には、その者の犯罪内容を他の被留置者に間接的に知らせることになってしまう。これは、個人情報の漏れに該当し、重大な問題になってしまう。全ての被留置者に勧めているなら「あの男は、薬物の再犯防止の本を読むように勧められているから、薬物で捕まったんだ。」という推測を他の被留置者がすることがなくなるから、個人情報が漏れたことにはならない。再犯防止の団体の善意を「個人情報の漏れ」という問題発生のきっかけにしてしまうのか否かは、現場の留置担当官の手腕にかかっている。

個人情報に関しては、犯罪の内容だけでなく住所・氏名等も当然のこと漏らしてはならない。被留置者を呼ぶときには留置番号で呼んだり、居室別の番号で呼んだりしている。留置番号は、年が変わると1番に戻り、収容された順番で1番、2番、3番……となっていく。居室別の番号は、第3室の1番なら「3の1」と呼ばれる。

留置担当官の個人情報も守られていて、警察官どうしも名前を呼ばない。班長（警部補）がA、主任（巡査部長）がB、先輩の巡査がC、後輩の巡査がDとなっていて、三交代制の第1班の班長なら「イチエー」、第3班の先輩巡査なら「サンシー」と警察官どうしも呼び合っているし、被留置者にもそのように呼ばせている。具体的には被留置者に対し「1の2。弁護士が接見に来たよ。」とか「イチビーさんに話があります。」という具合になる。

第三章

護送

テレビニュースで事件の報道をするときに使われる映像として、事件現場や被疑者の自宅などが使われるが、「いい絵」がないときは、警察署や警察本部の建物が映像として使われているようだ。その他には、護送の場面がある。護送を担当するのが留置管理課であり、実施に当たっては細かい規定に従って慎重に運用している。護送に必要なアイテムとして腰縄（こしなわ）がある。その名のとおり人間の腰に巻き付けるロープであり、そのロープは手錠と一体になっていて、縄を巻かれた者は手錠もかけられる。この姿が、被留置者が留置施設から出るときの「正装」であり、大扉から出た時点で被留置者から被護送者へと呼び方が変わる。図39

護送においても、逃走防止・通謀や証拠隠滅の防止・被護送者の人権を守るという三つの厳守事項は、留置施設内と同じである。被護送者が一般の人たちの目にさらされないように配慮することも、人権を守るために重要な要素であり「ニュースで護送の映像を見たが、犯人の顔はほとんど見えなかった。警察がテレビ局に意地悪しているのではないか。」という印象を一般の人たちが持っているとしたら、留置管理の業務が適切に実行されている証拠ということになる。

被護送者には1人につき必ず2人の戒護員と呼称される警察官が配置され、そのうちの1人は腰縄を握り「死んでも離さない。」という強い使命感をもって、業務にあたる。図40

一 送致・検事調べ

(一) 身柄付き送致

ア 制限時間は48時間?

検察官の業務については、食事の項　で触れたが、逮捕した被疑者を検察官に捜査書類と共に送ることを「身柄付きの検察官送致」といいニュースなどでは「送検」と呼称している。ちなみに「書

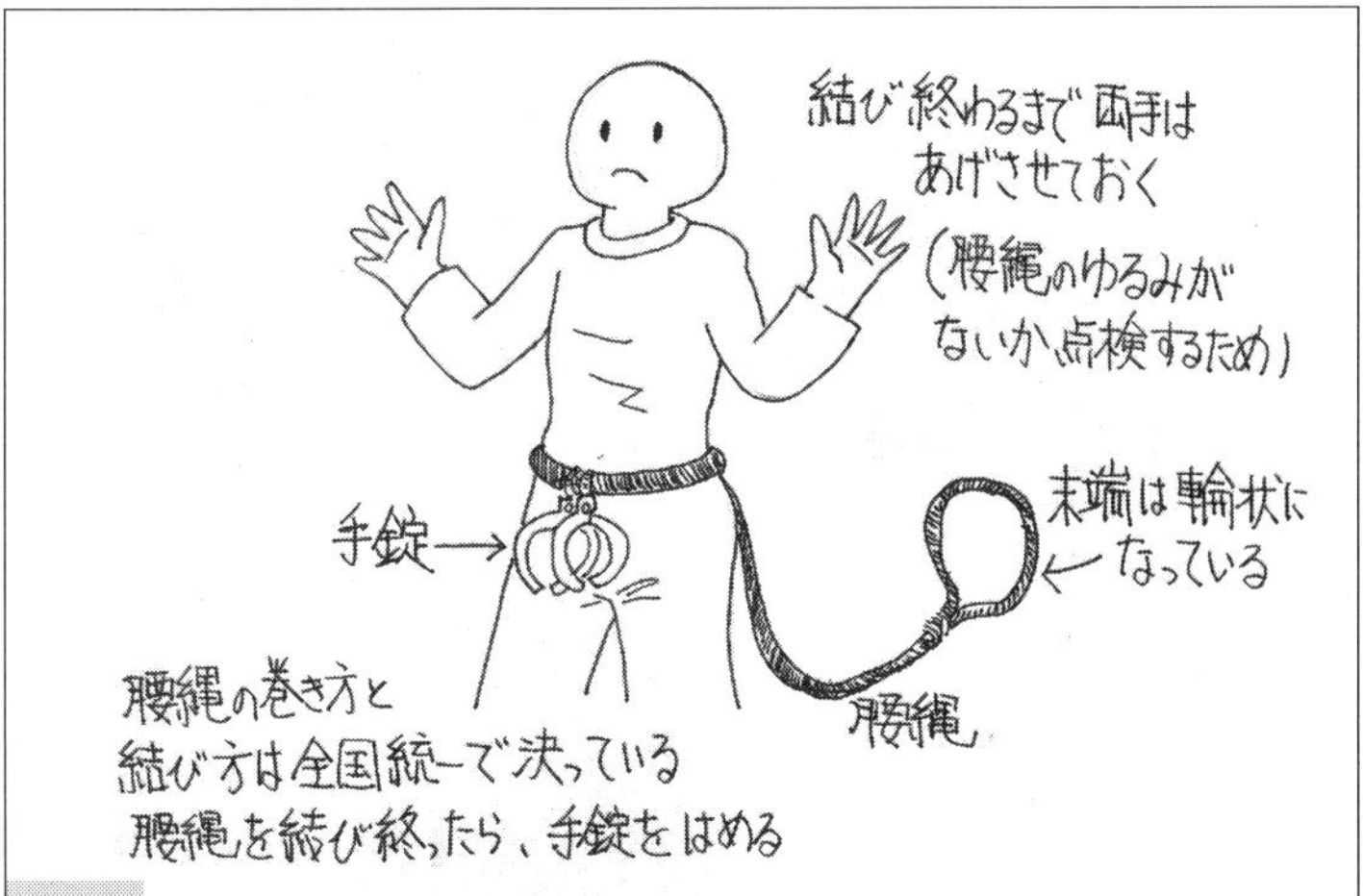

図39

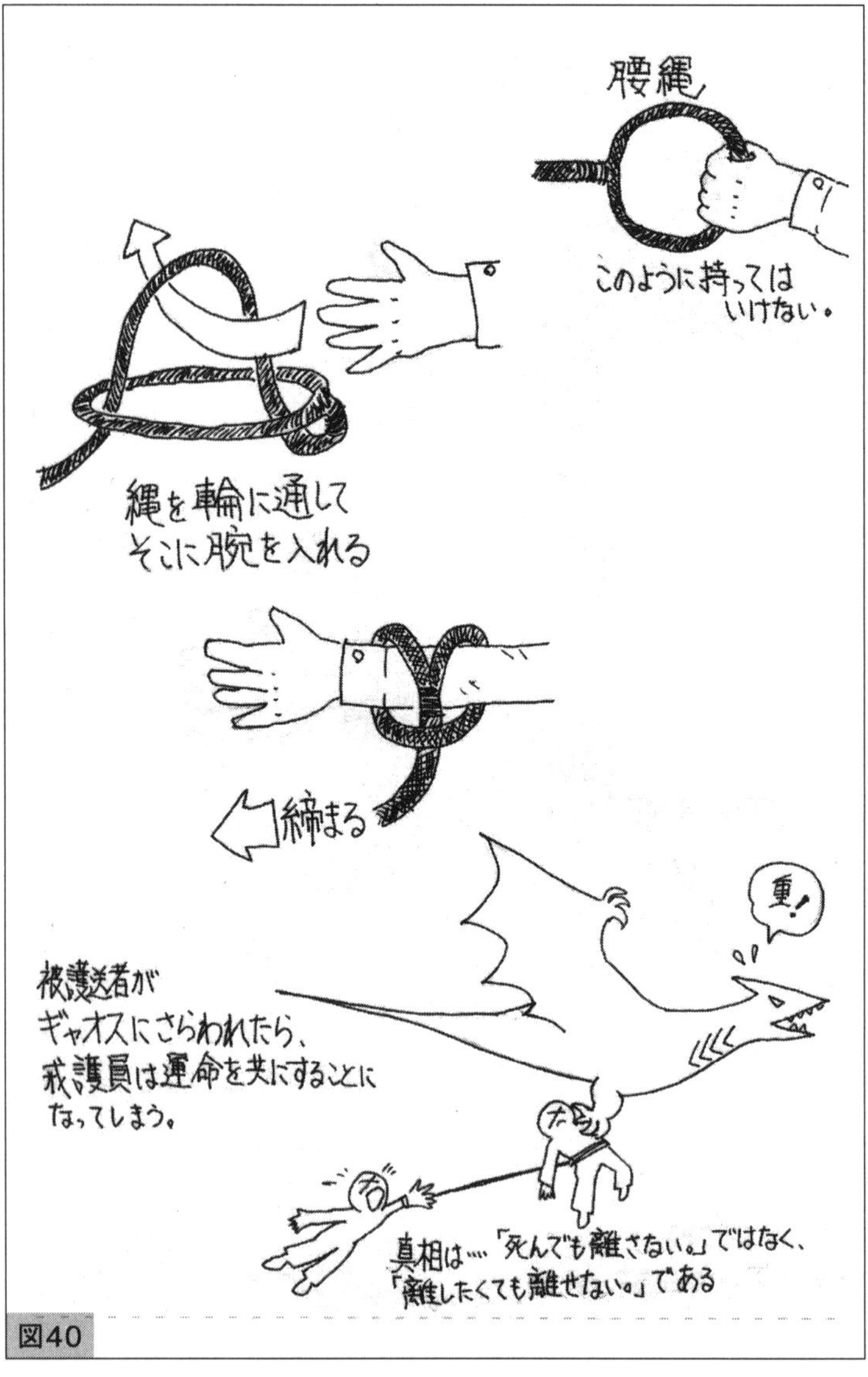
腰縄
このように持ってはいけない。
縄を車輪に通してそこに腕を入れる
締まる
被護送者がギャオスにさらわれたら、戒護員は運命を共にすることになってしまう。
重!
真相は……「死んでも離さない。」ではなく、「離したくても離せない。」である

図40

類送検」という言葉もニュースで用いられているが、これは身柄を拘束していない被疑者に関して、捜査書類だけを検察官に送ることを指している。

身柄付き送致の場合は、逮捕から48時間以内に被疑者の身柄を検察官に送らなければならない（検察官が勤務している検察庁に、被疑者が到着している）ことが刑事訴訟法で明記されている。48時間

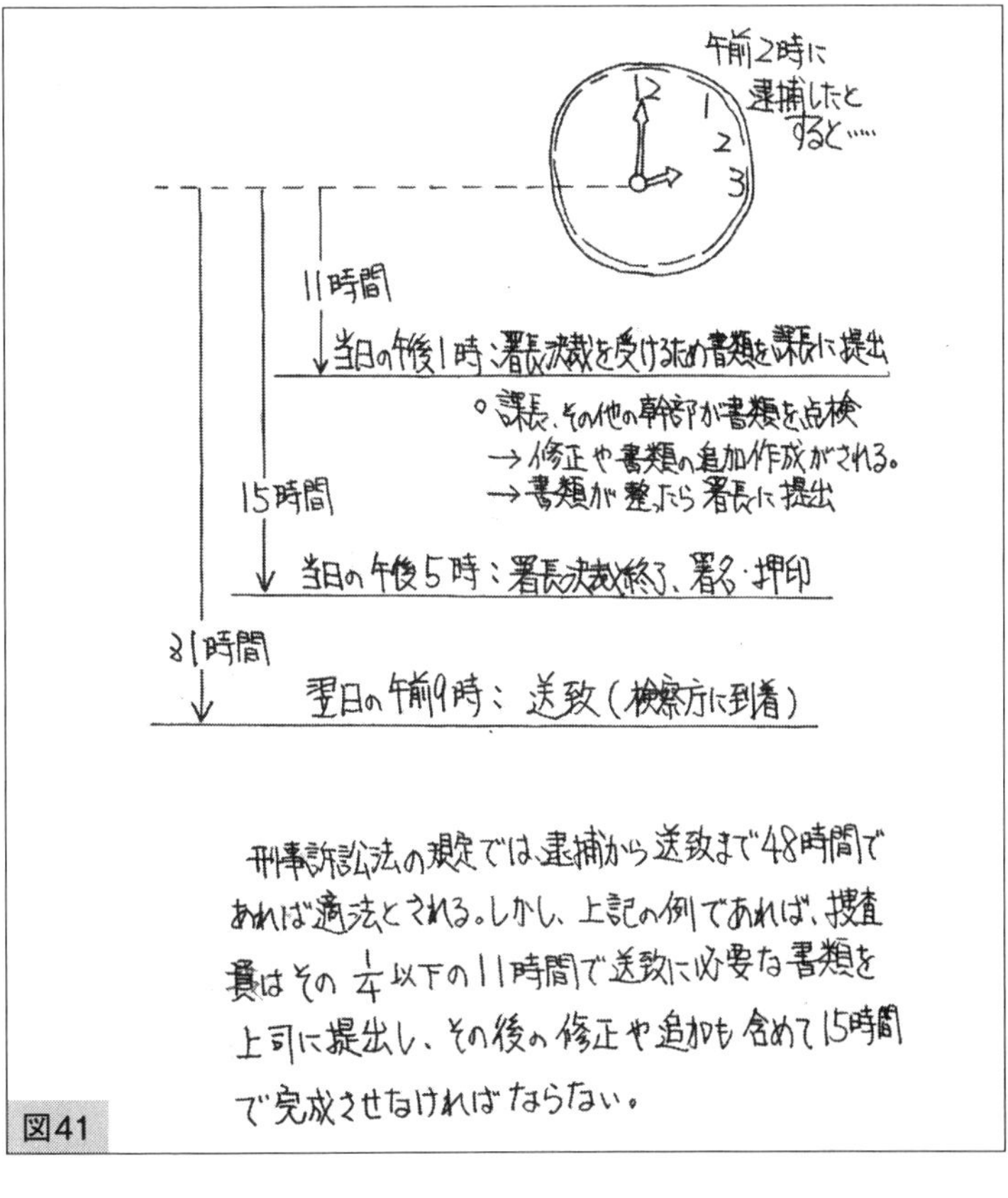
午前2時に逮捕したとすると……
12
1
2
3
11時間
当日の午後1時：署長決裁を受けるため書類を課長に提出
○課長、その他の幹部が書類を点検
→修正や書類の追加作成がされる。
→書類が整ったら署長に提出
15時間
当日の午後5時：署長決裁終了、署名・押印
31時間
翌日の午前9時：送致（検察庁に到着）
刑事訴訟法の規定では、逮捕から送致まで48時間であれば適法とされる。しかし、上記の例であれば、捜査員はその1/4以下の11時間で送致に必要な書類を上司に提出し、その後の修正や追加も含めて15時間で完成させなければならない。

図41

以内といっても、例えば、深夜2時に逮捕したから翌々日の午前1時（逮捕から47時間後）に検察官の前に連れて行けばよい、ということではない。午前2時に逮捕したなら、翌日の検察庁の業務開始時刻（午前9時）には検察官に送ることとされている。

一般接見の項でも触れたが、逮捕後に捜査員たちが休む間もなく書類作成に没頭する理由は、この48時間以内（現実的には、送致する日の前日の午後5時までに警察署長が決裁して署名押印するのだから、書類は午後1時ころまでには作成が終わっていないと勤務終了時間に間に合わなくなる。午前2時に逮捕したなら、書類作成に使える時間は11時間である。部下である捜査員たちが一生懸命書類を作っているときに、勤務終了時間だからと言って帰ってしまう警察署長はいないが、捜査員たちは署長を残業させないように、全精力を傾けるのである。）に送致しなければならないからである。更に厳しいことに、逮捕はしていなくても「実質的身体拘束」であるとみなされると、その時点で「48時間」の時間制限のスイッチがONになってしまう。図41

イ 送致日のスケジュール

書類を作成するのが捜査員の仕事であれば、被疑者を検察庁に連れて行くのが留置管理課員である。午前9時に検察官に送るためには、到着時間を基に逆算して出発時間が決まり、それに間に合うように起居動作を進めることになる。起床から食事までについては食事の項で説明したとおりである。身柄付き送致となる被留置者本人は、食事が終わると、護送用車両の出発時間まで何をするということはない。テレビドラマでは、送致直前まで取り調べを受けたり、刑事たちに監視されるシーンがあるが現実にはあり得ない。送致直前に取り調べていたとすると、送致するまでに終わらせておくべき捜査が完了していないということを露呈しているのであり、刑事が被留置者を監視していたとすると、警察捜査の根本である「捜査と留置の分離」がされていないことになり、最悪の状況になってしまう。

護送用の車両は2種類あり、そのひとつが「集中護送バス」と呼称される護送用マイクロバスだ。このマイクロバスは、各留置施設を巡って、被護送者を乗せて検察庁に行く。もうひとつが10人乗りのワンボックスの普通車で、留置施設ごとに被護送者を乗せて、検察庁に行く。集中護送バスは路線バスをイメージし、ワンボックス車はタクシーをイメージすると、分かりやすくなると思う。

集中バスが「停留所」である警察署に到着する5分前に、無線で連絡する。5分前の連絡を受けた警察署では、これを合図に被留置者の出発準備を始める。準備とは、被留置者に腰縄を施して、大扉の前に連れていくことである。留置管理課以外の署員たちも到着5分前の連絡を合図に署内の護送通路に並び逃走防止を図る。通路に並ぶ者は署員のうちどうしても手を放せない業務をしている者を除いて全員だ。この人数が並ぶと、大扉から屋内通路を通り、被留置者用出入り口から外に出て、バスのドア前まで警察官が1から2メートル間隔で立つことになる。圧倒的な人数の警察官が並ぶことで「隙があれば逃げよう。」という意図を完全に砕くことを目的としている。乗せる車がワンボックスであっても、全署員がずらっと並ぶのは同じである。

検察庁に送られた被護送者は、検察官の取り調べを受ける。検察官が、勾留が必要と判断すれば、裁判官に対して勾留請求をする。勾留請求を受けた裁判官は勾留を必要であると判断すると勾留状を発布し、これにより10日間の勾留が確定（ただし、弁護側が抗告などの手続きをすると、一旦は確定した勾留が取り消されることもある。）し、被護送者は護送用車両で留置施設に戻される。護送用車両が警察署に戻ってくるときも、署員が護送通路に並んで被護送者を監視し、被護送者は大扉から留置施設に入ると呼び方が被留置者になる。

㈡ 護送車両は運命共同体

被護送者を乗せる護送専用のマイクロバス・ワンボックス車の構造は

○運転席・助手席と後部座席の間は鉄板・鉄格子や金網で仕切られ、行き来ができない。

○運転席・助手席以外の窓は、金網や鉄格子がはめ込まれ、窓ガラスを割っても車の外には出られない。
○後部座席に乗降するための扉には外側からかんぬきが掛けられ、車内からは扉を開けることはできない。

となっている。つまり、車外にいる誰かがかんぬきを外さない限り、後部座席の者は絶対に外へ出られないのである。このような構造になっている理由は、万が一、被護送者が暴れて戒護員をノックアウトし、車内で自由に動けるようになったとしても車外には逃げられない状態を維持するためだ。当然の措置と思われるが、護送車が事故に巻き込まれて車両火災を起こしたり、川に転落して水没した場合には脱出は不可能だから、被護送者も戒護員も車内で共に生きたまま焼かれるか溺れることになる。

再び「劇場版 ST赤と白の捜査ファイル」を例にすると、冒頭シーンでは警察車両が事故を起こし、車両から犯人が脱走しているが、この車両は色と形で推定すると「ゲリラ対策車」と呼称される警備用務に使われる車両であり、扉にはかんぬきが設置されていない。だから、犯人は車両から出て、逃走が可能となった。ゲリラ対策車を護送用務に使ってはならない、という決まりはないが、本来の護送用車両を使っていれば犯人は逃がられなかった。

ちなみに、ゲリラ対策車には赤色灯が設けられているが、護送用ワンボックス車には赤色灯が付いていないことが多い。付けられていても、布カバーで覆ってしまう。その理由は、護送中に一般の人から声をかけられても、対応ができないからである。赤色灯が付いていれば、警察（消防もあるが）だと多くの人が思う。そして、各種の届出・要望・相談・苦情を言うため、車の停止を求めてくる可能性がある。護送を中断して届出事項に対応することはできないし、他の警察官を呼んで届出事項を引き継いだとしても、円滑な護送をすることができなくなるばかりでなく、被護送者の逃走の恐れも増す。だから、護送用ワンボックス車は、警察用車両と分からないようにしているのである。

(三) 検事調べはイレギュラーあり

検察官は被疑者を起訴するかしないか、しないならどのような処分にするのかを決めるため、被疑者の取り調べをする。逮捕されて勾留されている被疑者を検察官が取り調べる（これを「検事調べ」と呼称している。事件の内容によって副検事も取り調べを担当するので、正確には「検察官調べ」であるが、検事調べと呼びならわされている。）ためには、警察署の留置施設から検察庁に連れて行かねばならない。検察官は、捜査を担当している警察署の刑事課・生活安全課などに「〇月〇日に被疑者××を取り調べるので連れてきなさい。」と指示する。指示された捜査担当部門は留置管理課に「被疑者××は○月○日に検事調べになりました。」と連絡する。連絡を受けた留置管理課員は警察本部の留置管理課に連絡して、集中バスの予約（集中バスは送致だけでなく、検事調べに向かう被護送者も乗せている。バスの運用は署の負担軽減のため警察本部がしており、署の留置管理課は被留置者をバスに乗せるまでの作業をすればよい。）をし、予約が取れれば送致と同じように、決まった時間に被護送者を集中バスへ乗せる。検事調べに行った被護送者は、通常なら夕方には集中バスで警察署に戻ってくる。しかし、検事調べはイレギュラーが発生しやすい。

○パターン１　被疑者の取り調べが予定時間を過ぎても終わらず、集中バスに乗せられなくなり、署員がワンボックス車（戒護員2名と運転員1名の3名の警察官が必要）で被疑者を迎えに行く。

○パターン２　検事調べの事前連絡がなかったのに、当日になって検察庁に被疑者を連れてくるよう指示され、署員がワンボックス車で被疑者を送迎する。

○パターン３　検察庁で被疑者が体調を崩して、検察庁に居られなくなり、署員がワンボックス車で迎えに行く。

最も多く発生するイレギュラーはパターン1で、夕方以降の取り調べになるために「夜間調べ」と呼称され、迎えに行く署員は被疑者の夕食（本来なら留置施設に戻ってきて食べる予定だった官弁）を持ち、食事前後に服用する薬が処方されていればそれも持って、検察庁に行くこととなる。夜間調べを終えて署に戻ったら午後10時を過ぎていた、ということもままあるので、留置管理課員にとって夜間調べは肉体的にも精神的にもきつい業務である。

イレギュラーでも署員に実質的な影響がないのは、検事調べに行ったものの検事が取り調べをしなかった、というパターンである。署員にとっては影響ないが、被疑者にとっては、イライラの原因になる。その理由は

○検察庁の庁舎内に設置されている被疑者収容スペースは狭いので、寝そべることができない。
○検察庁では、おやつを食べることができない。

からである。検事調べでなければ署の留置施設の居室で毛布をかぶって寝ることもできるし、おやつも食べられる。検事調べだから、寝そべるのもおやつを食べるのもできないのは仕方ない、と被疑者は思っているが、検事調べがキャンセルとなり、それに対する言葉もないまま、署に戻されるのである。被疑者としては「検事は偉いかもしれないが、人を呼んでおいて何もし

ないで帰れと言うのか。何か一言あってもいいんじゃないの。」と怒るのである。そのイライラを抱えたまま留置施設に戻ってくるので、留置担当官に対して、被留置者が八つ当たりすることもある。

二 引き当たり

屋外で発生した事件（代表的なものは交通事故）の現場に被疑者を立ち会わせて、捜査（検証又は実況見分）をしている映像は、ニュースで放送されることがある。被疑者を現場に連れて行き、立ち会わせたり説明させたりすることを、引き当たりと呼称し、事実関係を確定するための重要な捜査活動である。引き当たりは、捜査員が主体となって進められ、留置管理部門で引き当たりに従事する者は、戒護員2名だけである。移動に使う車両も捜査用車なので、前部座席と後部座席の間に金網などはなく、窓に鉄格子もなく、扉にかんぬきもない。

引き当たりは捜査活動ではあるが、留置管理面でのルールが定められ、引き当たり計画書の決裁を通じて、ルールが守られるかをチェックすることになっている。

○ルールその1　2時間に1回のトイレ休憩があること。

引き当たりを始めたら、2時間ごとにトイレを使えるように計画していなければならない。使用するトイレは警察署の留置施設のトイレでなければならない。コンビニや公園の公衆トイレを被護送者に使わせることは認められていない。コンビニなどのトイレ使用中に被護送者が逃走する事例が、数多く発生しているためである。

○ルールその2　昼食を食べるなら留置施設内であること。

食事の項でも説明したが、食事を被護送者に提供する業務は、留置管理部門がすることになっている。トイレと同様に、捜査を中断してでも引き当たり現場に近い警察署に立ち寄って留置施設に入れ、食事を取らせなければならない。

この二つのルールを守るために、引き当たり計画を作る際はどこの警察署でトイレや食事にするかを検討し、その警察署に対して使用の可否を問い合わせることとなる。ツアーコンダクターが旅行客の日程を調整するのと同じような作業を警察官も行っているのである。

引き当たりは、普段の勤務時には制服を着用している戒護員も、私服となることが多い。制服では目立ってしまい、被護送者の人権をおびやかす（衆目にさらす）恐れがあるからである。

ではあるが、交通事故現場の引き当たりでは、捜査員である交通部門の警察官が制服で従事するから、私服で現場をウロウロしていると逆に周囲の人の視線を集めてしまうが、やむを得ないことである。いずれにしても、戒護員は制服の上着を脱いで作業用のジャンパー（ブルゾン）やジャージをひっかける程度で、全面的に着替えるわけではない。

引き当たりでは、現場における捜査状況を記録・証拠化するため被護送者を立ち会わせて写真を撮影する。その写真には、戒護員も映ってしまうが、腰縄の長さ以上に離れられないのだから仕方ない。とはいえ、戒護員はカメラに背中を向けてファインダーに収まるのである。図42

引き当たりは、事件発生時刻の状況を明らかにするため、深夜や早朝に行われることもある。例えば、交通事故の捜査で、被疑者が「商店街の明かりも全部消

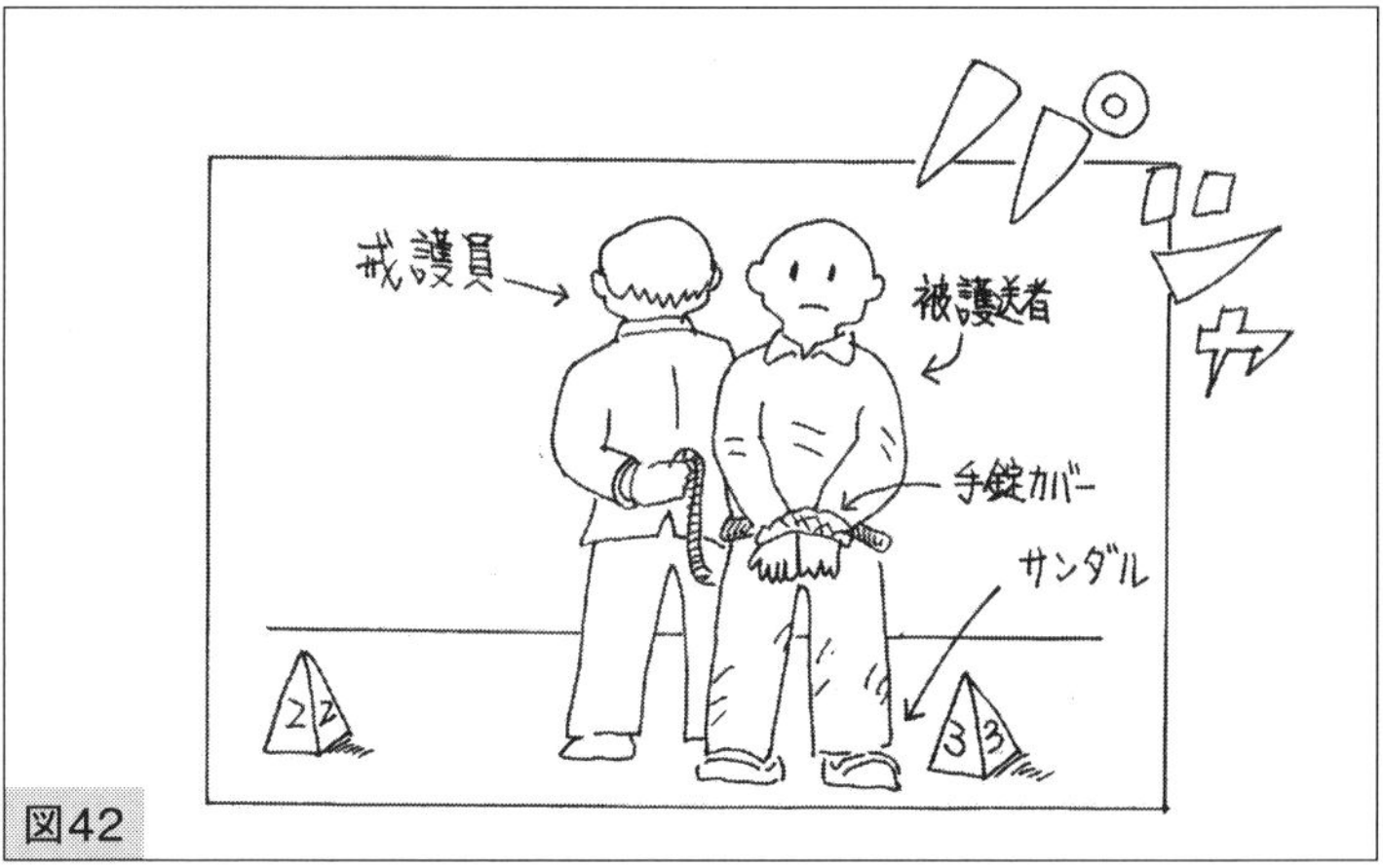

図42

えていて、歩行者が見えなかった。」と供述すれば、商店街の明かりがすべて消える深夜に、あるいは「日の出の時間で、太陽がまぶしくて自転車が見えなかった。」と主張すれば日の出に合わせて早朝に実況見分が行われる。就寝時間中に、被留置者を屋外に連れ出すのだから、他の被留置者が目を覚まさないように、静かに出ていき、帰ってこなければならず、留置担当官は気を遣う。雨が降ったり、寒かったりすれば、被護送者の雨衣やコートを準備するのも留置担当官である。

三　診療護送

留置施設では定期健康診断が行われていることは説明したが、本格的な診断・診察や突発的な体調不良・発病の場合は、被留置者を病院に連れて行く。これを診療護送と言い、その手順も細かく決められている。被留置者の中にはかかりつけの主治医がいる者もいるが、そこには行きたくないというケースがほとんどだ。かかりつけ医に腰縄を巻かれ手錠をはめられた自分の姿を見せたくない、と思うのは当然であろう。ただし、複雑な病気で主治医に診療してもらわなければならない場合は、被留置者が嫌だと言っても主治医に問い合わせることとなる。

病院で被留置者に診療を受けさせる手順は、

○被留置者の病状・症状を病院に電話で告げ、診察をしてくれるかを問い合わせる。併せて、他の患者さんと顔を合わせないように配慮してもらえることを確かめたうえで、予約する。

○予約時間にあわせて、護送用ワンボックス車で病院に被護送者（大扉から出たので呼称が変わる）を運ぶ。病院に到着すると、電話で病院の受付に連絡する。多くの場合は、急患用（救急車用）の出入り口で待つように指示される。

○護送車の運転員は、病院の職員と接触し、院内の状態や患者さんのいる位置を確かめる。これから被護送者を通す予定の通路や廊下に危険物があったり患者さんがいる場合には、危険物や患者さんの移動を病院側に依頼する。

○病院側の準備ができたら、急患入り口から入り、運転員が「クリア」にした通路を通って診察室に向かう。医師の診察を受ける際も、腰縄は巻いたままであり手錠も外さない。診察の支障になる場合は、片方の手錠を外すことはある。

○注射や簡単な処置程度で帰れる場合は、会計や処方箋の発行を待つことなく速やかに留置施設に戻る。治療費は例外（警察が連れて行こうとした病院での診察を拒否し、被留置者が希望する病院で診察を受けた場合）を除き公費で払われるので、病院から後日、警察署の会計課に請求書が提出される。薬の服用が必要な場合は処方箋が出されるが、護送車は帰ってしまうので、他の警察官が改めて病院に行き、処方箋を受け取り、それを持って薬局に向かうこととなる。

○入院が必要である、と診断されれば、そのまま病室へ行く。この場合も他の患者さんとの接触は避けなければならないから、個室利用か大部屋の貸し切りということになる。大抵は個室利用で差額ベッド代も公費での支払いだ。護送して行った3人の警察官は、そのまま入院中の監視員となる。3人のうち2人が病室に入りベッドの両側から監視し、他の1人が署との連絡を担当する。被護送者はベットに寝ていても腰縄付きで手錠もはめている。深夜になっても、病室に入らない1人が廊下の椅子でウトウトできる程度であり、病室内の2人は起きていなければならない。2時間くらいウトウトしたら、病室の2人のうち1人と交代し、室外に出た者は2時間のウトウトタイムを過ごし、最後の1人と交代する。

となっている。

テレビドラマなどでは、ストーリーを進めるうえで病室から被護送者が逃走しなければならないことがある。しかし、実際の警戒・監視態勢では逃走は不可能である。このためドラマでは、監視する警察官は病室の出入り口の廊下にいて、病室内には監視員がなく、被護送者に腰縄も手錠も施されていない、という設定・脚本になっているようだ。

四 取り調べ中は椅子につなぐ

腰縄は被留置者が大扉から出る時の正装であるから、取り調べの時も腰縄が施されている。取り調べは護送ではないから戒護員は同行しないので、捜査員が腰縄を掴んでいる。捜査員は当然のことながら警察官なので、被護送者が暴れたり逃走を図ったりしたら、直ちに制止・取り押さえるための訓練を受けているから戒護員を配置する必要はない。検事調べの場合は、検察官も検察事務官も暴れた被護送者を制止する訓練を受けていないので、用心棒として戒護員が取り調べに同席する。

警察での取り調べでも、検察での取り調べでも、被疑者はパイプ椅子に坐らされ、机を挟んで取調官（検察官）と向き合う。手錠は外されるが、その手錠はパイプ椅子にはめられる。腰縄もパイプ椅子に結ばれる。これで、被疑者はパイプ椅子と一体になるので、暴れたり逃走しようとしてもパイプ椅子が邪魔になって動きが妨げられる。

警察の取調室では、部屋の奥側に被疑者を坐らせるから部屋の真ん中に置いてある机のわきを通らないと部屋の外に出られない。机と部屋の壁の間隔をわざと狭くしてあるから、椅子と一体になっている被疑者は通過できないのである。

検察官の取り調べでは、被疑者は部屋の出入り口側に坐らされるが、被疑者と出入り口扉の間に戒護員が坐る。戒護員は被疑者の真後ろに坐り、その距離は50センチくらいである。この距離だと戒護員が坐ったままでも、被疑者が坐っている椅子に足が届くので、被疑者が興奮したり逃走しようとして立ち上がろうとした瞬間に椅子の脚部分を踏みつけることによって、その動き（立ち上がること）を阻止できる。図43

残念ながら逃走防止のアイテムである腰縄に対する世の中の認知度は低い。テレビドラマでも映画でも取り調べられている被疑者に腰縄が施されていることはほとんどないし、パイプ椅子と一体

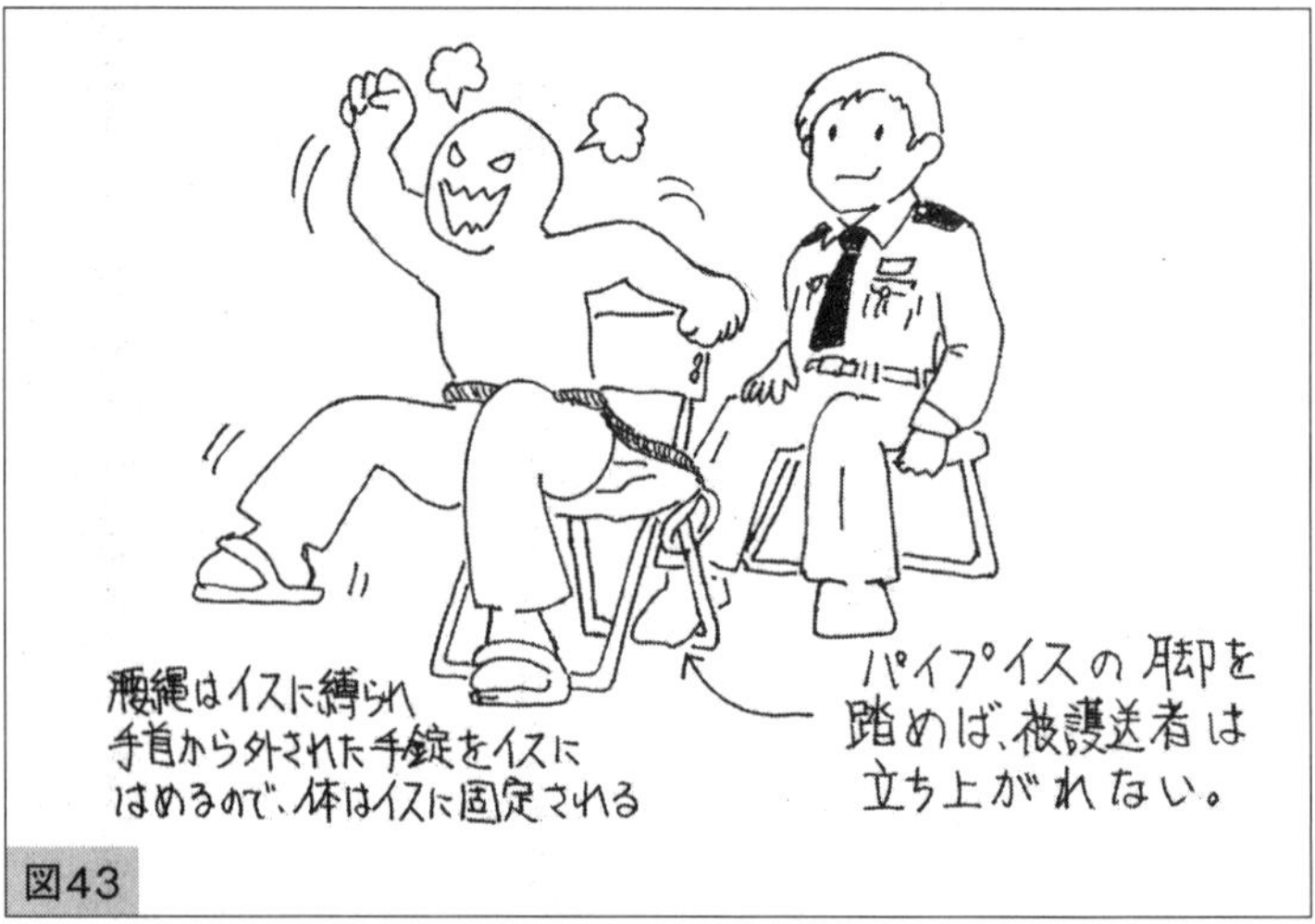
腰縄はイスに縛られ
手首から外された手錠をイスに
はめるので、体はイスに固定される
パイプイスの脚を
踏めば、被護送者は
立ち上がれない。
図43

にされているシーンは皆無ではないか。被疑者を現場に立ち会わせるシーン（検証、実況見分、捜索差押など）でも被疑者に手錠をはめていることはあっても腰縄はなく、戒護員も同行していないことが、ほとんどである。

五 委託留置

一般接見の項で説明した委託留置の場合には、護送業務が忙しくなる。近くの警察署に委託して被留置者を預かってもらったら、そこに行くだけで時間がかかる。都会なら車で30分以内の距離に隣接警察署があることが多いが、田舎だと隣接署まで山を越えて1時間かかる、ということもある。預け先で何かあったら、これだけの時間をかけて対応に向かわなければならない。預かっている警察署の留置担当官は、日課時限に沿った起居動作に関する業務は、どの被留置者に対してもやってくれるが、引き当たりや診療護送などについては、預けた側の警察署の留置担当官が従事することになっている。

たまたま、引き当たり先が預けてある警察署から行った方が近い場合もあるが、一般的には自署からの方が引き当たり先まで近いことが多いのだから、委託するといろいろな業務の所要

時間が増す、ということになる。診療に関しても、自署管内の病院で診察する場合には

①戒護員が委託先の警察署に行く。
②委託先から自署管内の病院に行く。
③病院から委託先に戻る。
④委託先から戒護員が自署に戻る。

という手順となり、戒護員は2往復することになる。移動距離が長くなる点が問題になるが、診療先が行き慣れている（院内の状況を把握し、病院職員とも顔がつながっている。）点では利点となる。例えるとしたら、隣の市に住んでいる友達を迎えに行って、自分の家の近くにあるなじみのレストランで食事をして、その友達を家に送り、自分の家に戻ってくる（2往復する）ということで

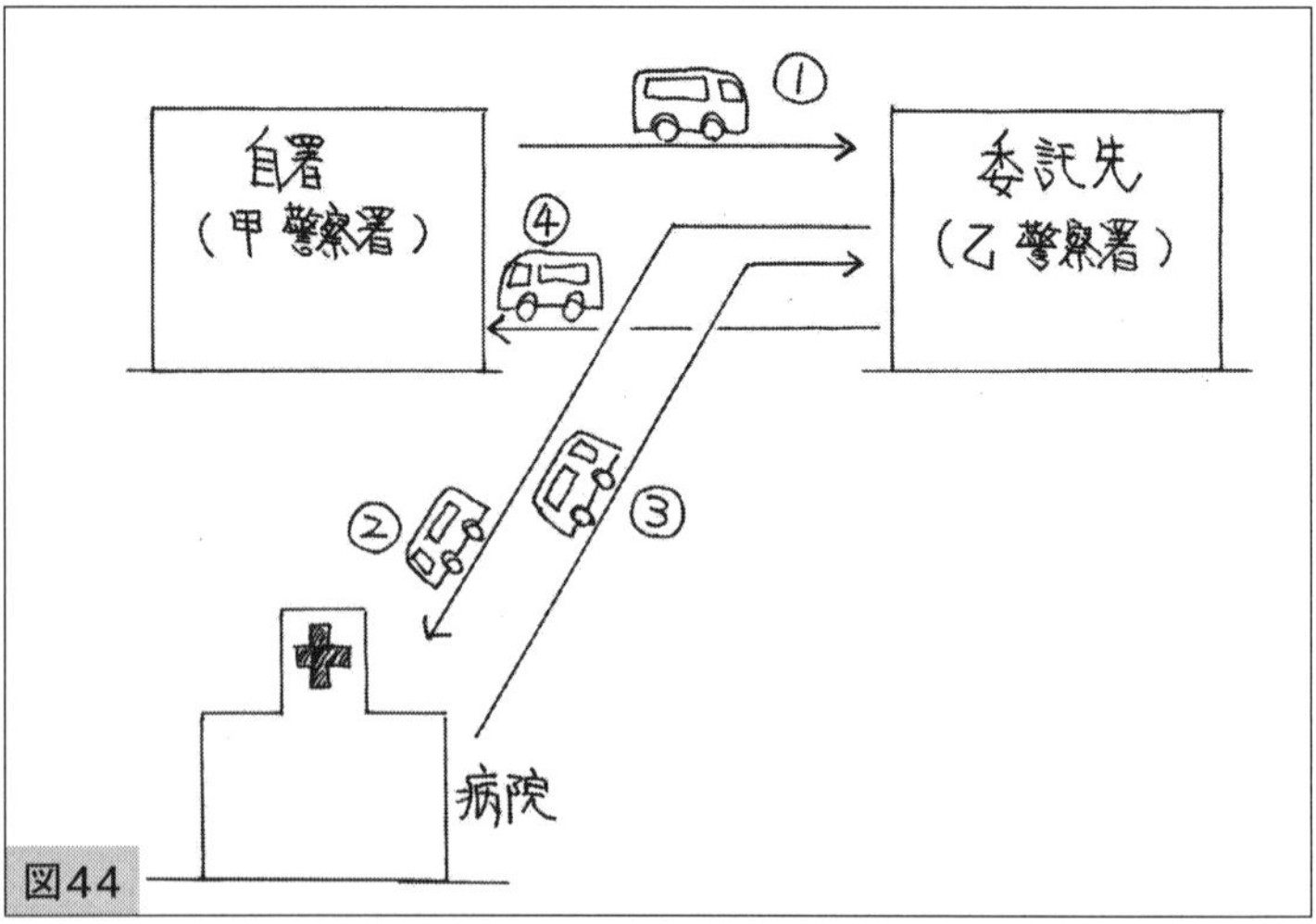

図44

あろう。図44

委託先近くの病院に連れて行く場合は、移動距離は短くなるが、診療先の状況を把握できていない、という点で問題が残る。先ほどの例では、友達の家の近くにあるレストランで食事をすれば、移動距離は短いがレストランの味や価格を知らないまま友達を連れていくので心配が残る、ということである。どちらの場合も、共通する問題は、被留置者の病状を直接見ないまま、病院に連絡・予約しなければならない点である。委託先から「被留置者△△が体調を崩しているので病院に行きたいと言っています。」と連絡を受けたら、△△の体温、咳・っくしゃみの有無、下痢・嘔吐の有無など具体的な状態を聞き取った上で、病院に連絡することとなる。その際に病院の受付係から「目は充血していませんか。」とか「腫れたりむくんだりしている部位はありませんか。」「痛みの程度は？　痛み方はチクチクですか、ズンズンですか。」というようなやや詳しい説明を求められることがある。即答できなければ、一旦電話を切って、委託先に問い合わせ、そのうえでの回答となり、ここでも時間を無駄遣いする。更にややこしくなるパターンもある。それは、病院の受付係に対し、一旦電話を切る旨を告げた際に、係の人が親切に「待っているから、電話を切らずにちょっと見てきてください。」と言ってくれた場合だ。仕方がないので「ここには△△はいません。隣の□□警察署に留置されていますから、見に行くことができないのです。」と説明する。それに対する病院の反応は3つのパターンになる。

1つ目は「じゃあ、一旦電話を切って連絡を待ちます。」という対応であり、それほど面倒にはならない。2つ目のパターンは「それなら直接見ている人に電話をかけさせてください。」という指示で、患者を直接見ている者から説明を聞いた方が適切である、という考え方に基づいた誠実な対応である。しかしながら、委託先の留置担当官は病状の説明はできても、その後の診療日程の調整（いつ連れて行くのか）はできないから、病状説明が終わったらまた電話を切って、預けた側の署の留置担当官が再び電話することになる。

3つ目は「□□署から、当院までは30分以上かかりますね。そんなに長く患者を車に乗せたらもっと悪くなりますから、□□署に近い病院に連れて行って上げてください。」と診療を断られるパターンである。これも体調不良を訴える者を心配しての言葉であり、受付係のやさしさはよく分かるが、診療先を見つけるという目的は振り出しに戻ってしまうので、留置担当官にとっても被留置者にとっても困ることになる。車に30分、乗っていてもいいから、診療を断らないでくれー。と思うに違いない。

被留置者を預けてしまうと、日々の起居動作に伴う業務はないから、預けた側の留置担当官は負担が軽くなるかというと、これまで説明したとおり、護送関係が忙しくなるので、トータルすれば預けても自分の署で留置しても、それほど業務負担量は変わらない。

10年から15年に一回の頻度で、留置施設を全面リフォームすることがある。全ての被留置者を預けてしまい、留置施設を閉鎖して1週間から10日くらい工事が行われる。「被留置者がいないから、留置担当官は何もやることがなくていいなァ。」とうらやましがられるが、護送の回数が大幅に増えるので、決して暇になることはなく、かえって忙しくなってしまう。

六　各種訓練

警察官は拳銃使用、柔道・剣道、逮捕術、救急法、鑑識業務などの訓練に参加するが、留置管理課独自の訓練としては、隠匿物を発見する訓練、災害時の避難訓練、被留置者逃走防止訓練などを行っている。どの訓練も詳しく説明してしまうと、留置管理の現場に迷惑がかかるので、簡単に記載する。

(一)　隠匿物発見訓練

被疑者が逮捕時に所持していた物を留置施設に持ち込ませないための、所持品と身体検査に関する訓練である。実際に発生した持ち込み事案を踏まえて、被疑者役の警察官が体や着衣の中にいろいろな物を隠しておく。これを留置担当官が発見できるかを試す訓練である。

(二) 災害時の避難訓練

大きな地震や水害が発生したときに、被留置者を避難させるための訓練である。この訓練には、多くの人数が必要なので、留置管理課以外からの応援をもらう。応援に来てくれた警察官が被留置者役となる。留置管理課員が腰縄を施した被留置者役を連れて、あらかじめ決めた経路を通って、避難場所に行ったり、護送車に乗せて高台に逃げる、という内容である。本物の被留置者には、避難訓練を見せたりしないし、やっていることを知らせてもいない。

(三) 被留置者逃走防止訓練

留置施設から逃げた被留置者を追跡及び先回りして捕まえる訓練であり、これは署員のほぼ全てが参加する大規模な訓練となる。正確に表現するなら「逃走防止」ではなく「逃走中の被留置者確保」の訓練である。逃げる

被留置者役は
ゼッケンを着ける
訓練中
訓練中
訓練では逃げる
人の数を2人と設定することが多い。

図45

被留置者役を若手の警察官が担当する（させられる）ので「確保」の際には手加減しないで、かなりもみくちゃにされることがあった。この訓練も当然のことながら、本物の被留置者から見えないよう、知られないよう行われている。図45

あとがき

留置に関する雑多な事柄をひとつの文に取りまとめることができた。まとめるにあたっては「現役・将来の留置担当官に迷惑をかけない」ことを根底に置いたので、平成21年ころから26年ころまでの状況をベースにしている。今では、制度や運用が変更されている事項があるだろうし、何よりも新型コロナ流行を受けて、留置管理の方法も変わっていると思われる。コロナ前でも、インフルエンザに感染している被留置者が入ってくると、居室の入れ替えをして感染者を隔離する部屋を作ったので、今の留置担当官はかなり苦労しながら、いろいろな工夫や施策を実行していると推察する。

そのため、この文のとおり現在の留置施設が運営されていると思わないで欲しい。もちろん捜査と留置の分離や逃走・証拠隠滅の防止という事項に変わりはないが「逮捕されて留置されたけど、この文と違うことがたくさんあった。」と苦情を言われると困るので、あらかじめおことわりしておく。

留置担当官は空調の効いた場所で、雨風に関係なく、重たい防刃衣や腰を痛める拳銃を装着せずにワイシャツ姿で勤務できる楽な職場、と思われている。しかし、留置担当官は決まった時刻に決まった事柄を誠実に実行している。それらのひとつひとつは簡単にできることであっても、元々ルールを守ることが不得意な人達の集まりをコントロールするのだから、実際にやってみると簡単ではない。

このような留置担当官の日々の精励恪勤を、多くの皆さんにお伝えできたことは、私の大きな喜びとするところであります。

大網小鉄（おおあみ・こてつ）
1961年1月　千葉県にて出生
1983年3月　私立武蔵大学卒業
同年　　4月　警察官拝命
2021年3月　定年退職（退職時の階級は警部）
留置管理部門での勤務経験は、4つの警察署で通算約6年

留置管理概説　留置管理の現実

2023年4月21日　　第1刷発行

著　者——— 大網小鉄
発　行——— 日本橋出版
〒103-0023　東京都中央区日本橋本町2-3-15
https://nihonbashi-pub.co.jp/
電話／03-6273-2638
発　売——— 星雲社（共同出版社・流通責任出版社）
〒112-0005　東京都文京区水道1-3-30
電話／03-3868-3275

ISBN 978-4-434-31828-3